위험한 정신의 지도

위험한 정신의 지도

당신이 지극히 정상이라면
반 드 시   읽 어 야   할
발 칙 한   정신분석학

만프레드 뤼츠 지음 | 배명자 옮김

21세기북스
www.book21.com

PART · 3 · 발칙한 만프레드식 치료

독자 여러분!

정신병자에 대한 가장 일반적인 선입견은 무엇일까? "모두들 하나같이 정상이 아니다."이다. 다행스럽게도 이 책은 일단 이러한 선입견에 동의한다. 그러나 이 책의 저자인 만프레드 뤼츠도 정상이 아니다! 이건 나 혼자만의 생각이 아니다. 하지만 여기서 '정상'이 아니라는 말이 곧 정신병자라는 뜻인지, 아니면 평범하지 않다는 뜻인지는 여러분이 이 책을 읽으면서 직접 알아내야 한다. 만프레드 뤼츠는 몸과 마음을 함께 진료하는 정신과의사다. 사람으로 살려면 몸과 마음 둘 다 중요하니까. 그의 병원은 쾰른공항 근처에 있다. 고리처럼 둥그런 형태로 만들어진 그곳 도로는 차선을 함부로 변경하면 공항을 눈앞에 두고도 엉뚱한 곳으로 달려야 한다. 때문에 그 도로를 달려본 사람이라면 삶의 진리를 새삼 깨닫게 된다. 선을 넘는 일은 거짓말 안하고 정말 미친 짓이라는 사실을.

의술은 생각하는 것만큼 그렇게 많은 일을 하지 못한다. 외과든 정신과든 마찬가지다. 외과의사가 수술 방법을 배우려면 2년이 걸린다. 그리고 수술을 하지 말아야 할 때를 아는 데에는 20년이 걸린다. 정신과의사가 치료를 하지 말아야 할 때를 아는 데에도 역시 그만큼 오래 걸린다. 만프레드 뤼츠는 정신질환을 다루는 작가답게 무엇이 정상이고 무엇이 진짜 문제인지 기가 막히게 구별하여 '뒤바뀐' 상황을 명쾌하게 설명한다.

사람들이 인터넷에 쉽게 빠져드는 모습을 보면, 정신병이 가장 흔한 병인 것이 당연하게 생각되어진다. 이 책을 읽는 당신은 매혹적인 정신세계를 관통하는 흥미진진하고 유쾌한 탐험여행을 경험할 것이다. 그리고 이 여행을 마치고 나면 이를테면 '살짝 맛이 간' 사람들을 보는 시각이 달라질 것이다. 당연히 스스로를 보는 시각도 달라질 것이다.

인간의 두뇌는 세상에서 가장 복잡하다. 하지만 얄궂게도 두뇌에는 사용설명서가 없다. 그래서 두뇌를 잘못 사용하는 사람이 많다. "필요할 때만 아껴서 쓰고 아주 오래도록 새것처럼 써야지!"라며.

땡! 틀렸다. 뇌는 근육처럼 단련시켜야 한다. 근육을 많이 쓴다고 닳던가? 뇌 구조는 우리가 하는 대로 바뀐다. 2,000년 전쯤 로마에서 마르쿠스 아우렐리우스가 말한 것처럼 "우리의 정신은 우리의 생각을 닮아간다." 이것을 어려운 말로 '신경가소성神經可塑性'이라 한다. 이를테면 신경세포를 사용하면 신경세포가 새로 생겨난다는 뜻이다. 이제 여러분의 두뇌는 이 책을 통해 두뇌를 공부하게 될것이다. 여러분의 두뇌를 응원해달라!

우리의 뇌는 사물들을 명확히 분류하려 한다. 그러나 세상은 고집스럽게 병과 건강, 왼쪽과 오른쪽, 옳음과 그름 식으로 단순하게 구분한다. 우리에게는 모순이면서 동시에 모순이 아닌 세 가지가 있다. 그것은 바로 꿈, 정신, 웃음이다. 이 책은 이 세 가지 모두를 여러분들에게 전할 것이다. 물론 셋 중에 으뜸은 웃음이다.

의학용어들은 때때로 시처럼 창작되었다. 예를 들어 정신분열증을 뜻하는 '스키조프리니어schizophrenia'는 낱말 그대로 풀면 '둘로 나뉜 횡격막'이라는 뜻이다. 그러니까 고대 그리스 사람들은 정신이 횡격막(가슴과 배를 나누는 근육으로 된 막으로, 횡격막의 상하운동에 의해 호흡운동이 이루어진다 – 옮긴이)에 있다고 생각했던 것이다. 코미디언인 나로서는 정신과 호흡, 그리고 웃음이 한 지붕 아래에 산다는 이러한 발상이 너무나 마음에 든다. 또한 아리스토텔레스는 두뇌를 흥분한 심장에서 데워진 피와 체액을 식히는 일종의 냉각장치로 여겼다. 그리고 우리가 잘 알고 있듯이 오늘날 많은 사람들은 그의 말에 고개를 끄덕인다.

훌륭한 의사만이 모른다고 말할 수 있다. 그래서 무엇이든 답할 수 있는 사람에게는 아무것도 묻지 않는 편이 낫다. 만프레드 뤼츠와 모든 면에서 생각이 일치하지는 않지만, 모든 제안에 대한 보통 이상의 개방성만큼은 진심으로 인정한다. 웃음으로 삶을 더욱 멋지게 하고, 어렵고 심각한 얘기를 쉽고 재밌게 전달해야 한다는 우리의 임무에 대해서는 나 역시 그와 같은 생각을 하고 있다. 비극적인 상황에서 누군가 한쪽 눈을 찡긋해 보였다면 그 순간 비극은 희극으로 바뀐다. 이 책은 가끔씩 그렇게 윙크를 보낸다. 여러분은 이 책에서 "사람은 다 제각각이다."라는 옛 지혜를 새삼 깨닫게 될 것이다.

진심으로 응원을 보내며
에카르트 폰 히르쉬하우젠

우리는 과연 정상일까?

베스트셀러 순위 1, 2위를 오르내리는 인기서적을 번역하는 일은 물론 즐겁기도 했지만, 또 한편으론 대단히 부담스럽기도 했다. 원어의 맛을 100% 살릴 수 없는 언어적 한계나 내 개인적인 부족함 때문에 안타까워하고 속상해하는 일이 어제오늘이 아니건만 이 책은 특히 나로 하여금 골머리를 앓게 했다.

이 책은 정신의학, 즉 정신병과 그 치료법에 관한 책이다. 아무래도 낯선 분야라 어렵다는 선입견이 들거나 모르는 분야에 대한 막연한 두려움이 생길 수도 있겠다. 하지만 걱정할 필요 없다. 정신과의사가 들려주는 정신의학 얘기는 어찌나 재밌는지 코믹유머집을 읽는 사람처럼 키득거려야 하니 말이다. 어쩌면 우리가 정신병자에 대해 막연한 두려움을 갖는 것 역시 그들에 대해 잘 모르기 때문이리라. 이제 정신병과 그 치료법에 대한 '유쾌하고' '친절한' 설명을 만날 테고 그간 몰랐던 혹은 착각했던 여러 진실을 알게 될 것이다. 작가가 약속한 대로, 정신의학을 전공하지 않았더라도 이 책을 끝까지 다 읽는다면 정신병에 관한 한 제법 아는 척을 할 수 있다. 나 역시 최근 한 드라마에서 치매에 관한 잘못된 상식을 발견하고 뿌듯해한 적이 있다.

나는 과연 정상인가? 아니면 비정상인가? 정상이고 싶은가 비정상이고 싶은가? 이 책을 읽기 전이라면 대답은 뻔하다. 하지만 이 책을 읽고 난 후에는 쉽게 답하지 못하리라. 무엇이 정상이고 무엇이 비정상인지가 명확하지 않기 때문이다. 정상과 비정상, 평범과 비범, 같음과 다름, 표준과 오차. 우리는 이런 낱말들을 다양한 상황에서 다양한 뉘앙스로 사용한다. 욕이냐 칭찬이냐는 상황과 듣는 사람의 마음에 달렸다지만 '다름과 틀림'을 혼동하는 일만은 없어야겠다. 틀리다는 건 옳지 않다는 것이지 결코 다르다는 뜻이 아니다. 정신병자에 대한 우리의 편견도 이와 같다. 이른바 정상이라고 자부하는 사람들이 자기네와 다른 사람들을 틀렸다고, 잘못되었다고, 우리 사회를 위협한다고 낙인을 찍는 것이다. 그러나 정작 사회를 위협하는 쪽은 정신병자들이 아니라 '미치도록 정상적'인 바로 그들이다. 책을 다 읽은 후 잊지 말고 스스로에게 물어보길 권한다. "나는 과연 정상인가?"

독일어 제목은 『IRRE!』으로, 사전적으로는 '미쳤다!'에 가깝지만 사람들 사이에 '멋지다, 대단하다' 라는 의미로도 종종 사용된다. 한국에서도 '광狂' 이라는 말은 부정적 의미와 긍정적 의미 모두에 쓰인다. "비정상, 미쳤음, 이상함, 비범함, 정신이 나감, 제정신이 아님, 광, 마니아, 4차원, 돌았음……" 일맥상통하는 낱말들이지만 읽히는 맥락에 따라 부정적이기도 하고 긍정적이기도 하다. 그 반대 개념도 사정은 마찬가지다. "정상, 평범함, 표준, 보통, 일반, 중간……" 작가는 한 낱말이 갖는 이중적 혹은 다중적 의미를 이용하여 또 다른 언어적 유희를 보여주었지만 아쉽게도 한국어로는 표현이 불가능했다 (불가능했다고 믿고 싶다). 원서는 같은 단어를 사용했지만, 번역에서는 어쩔 수 없이 안타까움을 누르며 읽히는 맥락에 따라 그에 적절한 한국어로 대치했다. 정신병 환자, 정신병자, 정신분열증 환자, 정신박약, 정신지체, 비정상인 등의 낱말들은 읽는 사람의 선입견에 따라 잘못 읽힐 위험이 있어 특히 조심스럽다. 게다가 정신지체(정신장애인)를 정신병 환자나 정신박약으로 오해하는 일도 드물지 않아 노파심에 간단하게나마 구별하여 설명하고자 한다. 정신병 환자는 가장 광범위한 낱말로 육체의 질병을 앓는 환자의 반대개념인 정신적인 병을 앓는 환자를 통틀어 일컫는 낱말이다. 정신병자란 정신병 환자의 줄임말이다. 정신분열증 환자는 정신병 환자 중 정신분열증을 앓는 사람을 뜻한다. (작가도 프롤로그에서 설명했듯이) 정신박약과 정신지체를 가장 혼동하는데 정신박약이란 정신이 나약한 상태다.

육체가 허약하듯 정신이 허약한 상태이고 정신지체는 지능이 유난히 낮은 상태로 엄격히 따지면 이것은 정신병과는 다른 영역에 있다. 즉 장애와 병을 혼동해서는 안 된다. 그럼에도 불구하고 사용한 낱말들에 거부감이 든다면, 번역의 문제일 뿐 작가의 의도는 전혀 그렇지 않음을 감안해 주길 바란다.

끝으로 이 기회를 빌려 책이 나오기까지 도와준 사람들에게 감사를 전하고 싶다.

까다로운 독일 관용어구들의 숨은 뜻이나 뉘앙스의 차이를 친절하게 설명해 준 나의 독일인 친구 알로이스, 자기 공부만으로도 바쁜 와중에 최초의 독자로서 혹은 감수자로서 기꺼이 시간을 내준 남편에게 고맙고 무엇보다 '호박 같은 원고에 줄을 그어 수박을 만들어 준' 편집자께 가장 감사한다.

나는 엉뚱한 사람을 치료하고 있다!

정신과의사나 심리치료사는 뉴스를 볼 때면 가끔씩 답답해한다. 뉴스 속에는 전쟁도발자, 테러리스트, 살인자, 경제사범, 냉혈인, 그리고 뻔뻔한 이기주의자들이 가득한데 아무도 그들을 치료하지 않는다. 심지어 그들이 정상이란다. 나는 매일 병원에서 치매 환자, 의지가 약한 중독자, 신경이 예민한 정신분열증 환자, 심각한 우울증 및 조울증 환자들을 만난다. 그런데 뉴스를 보고 있으면 머리가 쭈뼛 설 정도의 의심이 저 밑바닥에서 서서히 올라온다. "나는 엉뚱한 사람을 치료하고 있다! 정신병자가 아니라 정상인이 더 문제다."

이러한 대담한 주장을 증명하려면, 유별난 정상인들을 이해하는 것만으로는 부족하다. 정신병자에 대해서도 알아야 한다. 그런데 일반인들이 정신병자에 대해 알기는 쉽지 않다. 옛날에는 신선한 공기가 환자에게 좋을 거라는 생각에 정신병자를 초원 위의 친절한 기관으로 보냈다. 좋은 마음으로 정상인들과 격리가 되는 초원으로 보냈지만, 오히려 정신병자들은 더 이상해졌다. 그것을 알고 정신병자들을 부랴부랴 다시 도시 한복판으로 옮겼다. 오늘날 이들은 대단히 전문적인 기관에서 산다. 어찌나 전문적인지 최소한 심리학 학사는 되어야 정신분열증 환자와 얘기할 수 있다고 생각한다. 몇몇 전문가들의 잘난 체 때문에 일반인들에게 정신병자는 마치 다른 별에서 온 것처럼 아주 낯선 사람이 되었다. 말하자면 '전문적인 게토'가 생긴 것이다.

이러한 상황에서는 무엇부터 해야 할까? 우선 계몽이 필요하다. 미치도록 정상적인 사람들과 극히 정상적인 광기에 대한 계몽. 이 책에서 나는 모든 정신병과 오늘날 학계에서 인정하는 모든 유효한 치료법들을 누구나 이해할 수 있게 설명할 작정이다. 누구나 사돈의 팔촌까지 거슬러 올라가다 보면 친척 중에 정신병자가 한 명 정도는 있을 것이다. 또한 우리의 이웃을 둘러봐도 도저히 이해하기 힘든 이상한 사람이 반드시 있을 것이다. 그리고 그들에 대해 사람들이 그저 숙덕거리는 소리만 들었을 것이다. 이 책의 마지막 장을 넘길 때면 여러분들은 이들을 보다 명확히 이해할 수 있을 것이다. 그렇게 이 책은 여러분을 변화시킬 것이고 여러분은 다른 방식으로 그들과 함께 살아갈 것이다.

그 많은 정신병치료와 심리치료에 대한 내용을 이렇게 얇은 책에? 정신병치료와 심리치료에 대해서는 진지하고 어렵게 말해야 하고 두꺼운 양장본에 담아야 한다고 눈을 부릅뜨고 말하는 사람들을 믿지 말라! 나는 이 책을 전문가들에게 읽혔다. 이미 두꺼운 교재들을 집필한 적이 있는 대표적인 전문가들이 이 책을 읽었고, 적은 분량이지만 충분한 내용을 담았다고 인정했다. 중요한 제안들을 준 여러 전문가와 교수들에게 감사한다. 그리고 특히 나와 열띤 토론을 하면서 훌륭한 제안을 해주고 기분 좋은 추천의 글을 써준 에카르트 폰 히르쉬하우젠에게 진심으로 감사한다. 나는 이 책을 정육점 주인에게도 읽혔다. 그는 일반인이 이해할 만한 내용인지를 엄격하게 점검해주었다. 나는 하나만큼은 확실하게 말할 수 있다. 대학 공부를 마치지 않았더라도 이 책을 읽었다면 모든 정신분열증 환자와 대화를 해도 된다. 최악의 경우에는 당신 자신과도!

이 책은 정신과의사의 천적인 외과의사도 읽을 수 있다. 외과의사는 기본적으로 책을 읽지 않는다. 왜냐하면 책은 피를 흘리지 않으니까! 그 대신 그들은 사용설명서를 감동적으로 읽는다. 이 책은 바로 평범하지 않은 사람들과 평범하고 싶지 않은 사람들을 위한 사용설명서다.

혹시나 하는 마음에 미리 일러둔다. 늘 그래왔듯 이번에도 나는 유머를 가미했다. 농담을 농담으로 받아들이지 못하는 사람들도 더러 있어서 농담 내용을 별도로 표시하려 했지만 출판사의 반대로 그렇게 하지 못했다.

정신병자에 대해 얘기하면서 농담을 해도 될까? 나는 그래도 된다고 생각한다. 왜냐하면 유머는 생활을 살맛나게 가꾸어주기 때문이다. 유머를 즐길 권리는 모두에게 있다. 나는 이것을 옛날에 독일 본에서 참여했던 '브뤼케-크뤼케(다리-목발)' 단체에서 배웠다. 이 단체에서는 장애인과 비장애인이 함께 여가시간을 보냈는데, 어느 장애인 친구가 배꼽 빠지게 웃겼을 때 우리 모두는 그를 보고 웃었다. 이처럼 우리는 장애인을 보고 웃을 권리가 있으며 장애인 또한 자신을 웃음거리로 만들 권리가 있다. 아무리 유쾌한 축제 현장이라도 '불쌍한 정신병자'를 대할 때는 언제나 동정어린 진지한 표정이 되어야 한다고 믿는 사람은 같은 시대를 사는 우리의 이웃을 졸지에 동정의 대상으로 만들어버린다. 그래도 역시 우리를 웃기는 사람은 정상인이다. 가슴에 손을 얹고 말하는데, 미치도록 정상적인 사람들, 이른바 '스탠더드패스(작가가 사이코패스를 빗대어 만들어낸 신조어-옮긴이)'들이 더 기가 막히게 웃기기 때문이다.

본론에 들어가기 전 꼭 봐야할 안내서!

에카르트 폰 히르쉬하우젠은 일 때문에 간암에 걸린다고 주장한다. 그러면 뇌는 어떠할까? 코미디언 위르겐 베커는 뇌에 대해 재미난 얘기를 했다. 뇌가 없는 촌충이 인간보다 더 진화

한 생물이란다. 촌충은 척추동물의 장 속에 기생하기 때문에 먹고사는 걱정 없이 참 편하게 살았고 그런 삶에 뇌는 무용지물이 되어버렸다는 얘기다. 이와 달리 인간은 온갖 문제에 시달린다. 먹을거리를 위해, 효율적으로 종족을 보존하기 위해, 그리고 생활을 즐기기 위해 많은 고민을 해야 한다. 이러한 고민을 해결해야 하기 때문에 인간은 뇌를 포기하지 못한다. 위르겐 베커는 이러한 문제들이 없다면 인간의 뇌는 불필요한 사치에 불과하다고 말한다.

과히 틀린 말은 아닌 듯싶다. 철학자 아르놀트 겔렌이 『인간의 기원』에서 말했듯이 어쨌든 인간은 동물에 비해 '부족한 존재'다. 그래서 인간은 이러한 부족한 점을 극복할 수 있는 직관이 필요했다. 실제로 인간은 태어나서 한동안은 보호가 절실한 존재이며 생의 말년에도 역시 보호가 필요하다. 탄생과 죽음 사이의 짧은 기간 동안 다음 세대를 보호해야 하고 떠나갈 세대를 보호해야 하는 인간은 부족한 신체를 보완하기 위해 인류 역사 내내 뇌를 혹사시켰다. 눈을 보완할 망원경, 귀를 보완할 보청기, 이동을 도울 자동차, 볼품없게 털이 하나도 없는 피부를 가릴 옷을 발명하느라 뇌는 끊임없이 땀을 흘렸다.

그런데 이러한 뇌의 혹사가 좋은 결과만 낳은 것 같지는 않다. 인간은 동물에 비해 이상한 행동방식을 발달시켰다. 생물학자 미다스 데커스의 주장에 의하면, 스포츠는 전혀 자연적이지 않다. 그래서 그는 "동물들은 스포츠를 하지 않는다. 그렇게까지 멍청하지는 않다."라고 말한다. 또한 인간처럼 오랫동안 같은 종을 서로 죽이는 동물도 없으며 동물들의 단순한 뇌로는 그런 일을 꾸밀 수도 없다. 정신과의사 토마스 푹스는 문명의 발전과 함께 서로를 망치게 하는 경향도 함께 발전했다고 말한다. 그것도 폭발적으로 말이다. 우리는 전 세계 법정에서 그것을 확인할 수 있다. 이러한 이상행동과 남을 해치는 경향 때문에 조만간 인류 전체가 정신과치료를 받아야 하지는 않을까 걱정이다.

인간 자체가 이미 미친 생물인데, 그 와중에 미쳤다는 소리를 듣거나 정상이 아니라는 소리를 듣는 사람이라면 결국 모든 규범에서 완전히 벗어난 사람이 아닐까?

이상하게 들릴지도 모르겠지만 그렇지 않다. 정신병자가 엄청난 범죄를 저지르면 나는 이따금씩 방송국으로부터 인터뷰 요청을 받는다. 상황에 따라 다르겠지만, 통계상으로 볼 때 정신병자보다 정상인이 더 많이 범죄를 저지른다는 사실을 나는 인터뷰할 때마다 빼놓지 않고 강조한다.

나의 결론은 이렇다.

"정상인으로부터 스스로를 보호하시오!"

이러한 이상한 판정의 근거는 무엇일까? 정신병자는 우리 사회의 광기에 아무런 영향도 미치지 못한다. 사회적 광기에 비하면 정신병자 개개인의 광기는 깃털처럼 가볍다. 심지어 정신장애는 특별한 능력일 수도 있다. 가치평가 없이 본다면 정신병자도 그저 독특한 사람일 뿐이다.

하지만 대부분은 이러한 독특함 때문에 괴로워한다. 그래서 의사들은 이들을 수용하고, 고통을 줄여 독특한 사람을 다시 보통사람으로 만드는 치료법을 개발하였다. 하지만 보통이라는 말이 이미 편견이라면? 어쨌든 가능한 한 재빨리 짜내야 하는 고름처럼 정신병을 치료하려는 노력은 무의미했다. 게다가 몇몇 기발한 인위적 조처로 정신병이 고쳐지는 사례가 흔하게 일어났다. 심리치료사이자 베스트셀러 작가인 폴 바츨라빅Paul watzlawick은 『행복이라는 이름의 신화』에서 "불행 중 다행인 것은 무엇인가?"라고 물었다. 그는 치료의 힘이 어디서 나오는지를 찾는 '자원지향의 관점'을 창시하고, 지금까지 문제로만 여겼던 환자에게 실제로 치료 능력이 내재해 있음을 강조하고자 노력했다. 또한 심리요법 발명자로 유명한 스티브 드 세이저Steve de Shazer는 "문제와 치료법은 전혀 상관이 없다."라고 말하며 관심의 초점을 오로지 환자에게 잠재되어 있는 능력에만 맞출 것을 주장했다. 즉 환자가 자신의 능력을 인식할 때에 비로소 좋은 치료법을 찾을 수 있는 것이다.

이와 달리 정상인은 자신의 능력을 새롭게 조명할 이유가 없다. 두꺼운 피부 때문인지 외롭지만 안락한 생활 때문인지 정상인들은 둔감해져 힘겨운 한계를 경험할 기회가 없어졌다. 평범한 삶은 비극을 낳는다. 정상인들은 평범한 삶이 너무 지루해서 복수, 전쟁, 약탈, 살인, 사기 등으로 긴장을 얻으려 하기 때문이다. 그것으로도 부족하면 미쳐버린다. 영화 「티파니에서 아침을」에서 오드리 헵번이 "완전히 미친 사람으로 취급되는 것도 아주 유용하죠."라고 말하지 않았던가.

PART. 1

정상인이 더 문제다

"개인의 광기는 비정상이지만 집단, 정당, 민족, 시대의 광기는 정상이다."
_프리드리히 니체

01

광기
피도 눈물도 없는 사람들

정신과의사는 특정 질병에서 광기를 본다. 그러나 질병으로 보지 않는 '극히 정상적인 광기'도 있다. 사람들은 이러한 광기를 대중매체에 하루가 멀다 하고 등장하는 일종의 특이함으로 본다. 그런데 이러한 '극히 정상적인 광기'가 이웃집 정신분열증 환자의 이상행동과는 비교도 안 될 만큼 엄청난 재앙을 낳는다. 이것이 바로 '정상인이 더 문제'라는 도발적 명제의 확실한 증거다.

극히 정상적인 광기의 주인공, 히틀러와 스탈린

히틀러는 정신병자였을까? 누가 이렇게 물으면 사람들은 바로 대답할 것이다. "그러한 대량 학살자는 정신병자임에 틀림

없다, 미치지 않고서야 어떻게 그런 짓을 할 수 있겠는가!" 세계대전을 일으키고 학살을 자행하는 일은 정상인으로서는 절대로 할 수 있는 일이 아니다. 그렇다면 그는 정말로 정신병자였을까? 그렇지 않다! 만약 히틀러가 정신병자였다면 무죄를 선고받아야 마땅했기 때문이다. 당시 히틀러를 제일 가까이에서 본 정신과의사는 나중에 하이델베르크대학의 신경정신과학장을 지낸 카를 빌만스뿐이었다. 히틀러를 멀리서 본 다른 정신과의사들 중에 히틀러가 정신병자이므로 무죄를 선고받아야 한다고 주장한 이는 단 한 사람도 없었다. 히틀러는 확실히 기괴한 사람이었다. 그는 극단적인 증오와 공격성, 그리고 파괴자의 모습을 드러냈다. 하지만 정신병자는 아니었다. 만약 히틀러를 정신병자로 인정했다면 그와 관련된 모든 역사적 재앙의 충격은 완화되었을 것이다. 또한 히틀러를 정신병원에 보내 치료를 받게 했을 테고 모든 재앙은 자연스럽게 이해되면서 잊혔을 것이다. 정신병에 시달리는 뮌헨 출신의 화가에게 약간의 의약품과 그를 보살펴줄 사람 몇 명, 그리고 무엇보다 전문 심리치료사가 있었다면 수백만 명의 죽음을 막았을지도 모른다. 그러나 이것은 헛된 망상에 불과하다. 히틀러는 정상인이었다. 지금 생각하면 끔찍할 만큼 정상인이었다. 그는 정상을 넘어 뛰어난 능력을 갖춘 사람이었다. 자신을 극히 정상으로 보이게 하는 능력, 사람들이 듣고 싶어하고 들으면 기분이 좋아지는 말을 정확히 짚어내는 능력이 있었다! 요아힘

페스트는 히틀러 평전에서 "한 시대의 사고와 감정을 지배할 능력이 있는가?"라는 질문으로 역사적 위인을 판명했는데, 이 지점에서 히틀러가 역사적 위인임을 완전히 부인할 수 없다는 놀라운 결론을 냈다. 왜냐하면 대중을 선동하는 수사법으로 가장 많은 표를 얻고, 사람들을 자기 곁에 묶어두며 그들을 자신의 목적에 이용하고 마침내 독일 전역을, 더 나아가 전 세계를 전쟁의 소용돌이 속으로 몰아넣은 일은 모두 청중을 휘어잡는 그의 웅변 능력 덕분이었기 때문이다. 그가 만약 정신병자였다면 거의 30년 넘게 권력을 지속할 수 없었을 것이며 어쩌면 아예 권력에 대한 꿈도 꾸지 못했을 것이다. 히틀러를 정신병자로 치부한다면 그의 악행은 설명되지만 그를 따르고 함께 했던 사람들은 어떻게 설명할 수 있을까? 히틀러는 정신병자가 아니라 정상인이었다. 그리고 바로 그러한 사실 때문에 더욱 충격적이다. 정신병자의 선동으로 전쟁이 일어나지는 않는다. 전쟁을 하려면 목표를 향한 지속적인 격려가 필요하다. 차라리 히틀러가 정신병자였다면 그런 악행을 저지르지는 않았을 것이다.

정교회 성직자 지망생이었던 스탈린 역시 정신과치료가 필요한 환자였다고들 말한다. 과거의 독재자들이 자신의 '병적인' 의심 때문에 수많은 사람을 죽였듯이, 스탈린의 숙청에서도 '병적인' 의심이 거론된다. 그러나 그의 숙청작업이 광기로 비쳐졌거나 비이성적으로 주변 사람들을 마구 죽이는 것처럼 보였다면 아무도 그에게 복종하지 않았을 것이다. 독재자들에게 의심은 마치 숨통과도 같다. 스탈린의 '극히 정상적인 광기'에 희생된 수백만 명 중에는 실제로 그의 권력을 위협하는 사람들도 있었다. 하지만 대대적인 숙청에서 겨우 목숨을 건진 스탈린의 적수들은 왜 목숨을 걸면서까지 그에게 저항해야 하는지를 처절하게 고민했을 것이다. 병적인 의심과 숙청작업은 스탈린이 정신병자라는 증거가 될 수 없었다. 오히려 그 반대로 지배력을 강화하는 확실한 효과를 남겼다. 스탈린과 달리 늙고 병든 지배자들은 적수들에게 밀려나 결국에는 권력을 잃는 대가를 지불해야 했다. 페르시아의 왕들이 그랬고 동독의 총서기장이었던 에리히 호네커, 콩고의 독재자 모부투가 그랬다.

어떤 미친 사내가 대로 한복판에서 자기가 제일 위대한 사람이라고 외친다면 이 사내는 정신병원에서 비교적 짧은 치료를 받은 후 다시 건강해져서 성실한 시청 자료실 직원으로 복귀할 수 있다. 그러나 만약 김일성이 수많은 추종자들의 환호 속에서 미친 사내처럼 똑같이 외쳤다면 어땠을까? 사람들은 그를 정신병원에 보내지 않았을 것이다. 왜냐하면 그는 정신병자가 아니고 정상인이었으니까. 기이하기 이를 데 없고, 간과할 수 없는 잔인함과 국제적 상식에서 벗어난 행위로 '세계 최대 감옥'을 호령하는 그의 아들을 보면서 사람들은 '극히 정상적인 광기'가 세습될 수도 있음을 확인한다. 마오쩌둥(모택동)은 스스로를 '다정한 아저씨'로 즐겨 소개하곤 했지만, 우리에게 잘 알려져 있듯이 그는 병적인 이기주의자에 가학적인 호색가였으며 학살에 대한 양심의 가책을 인류 역사상 가장 무겁게 느껴야 할 사람이었다. 그러나 마오쩌둥의 이 모든 기이한 행동들을 목격하면서도 그에게 치료가 필요하다고 말하는 사람들은 아무도 없었다.

극히 정상적인 광기에 대한 오늘날의 가장 좋은 사례는 바로 사담 후세인 같은 독재자, 오사마 빈 라덴 같은 테러리스트 혹은 할리우드까지 진출한 로텐부르크의 식인 살인마 아민 마이베스다. 그러나 사담 후세인은 20년 넘게 한 나라를 지배했고, 오사마 빈 라덴은 이미 오래전부터 미국의 눈을 피해 꼭꼭 숨었는데도 그의 테러조직망은 여전히 활발하며, 아민 마이베스는 할리우드 영화의 한 장면을 장식했다. 이들 모두는 정신병자가 아니라 흉악한 사람이다. 흉악함은 치료할 수 없다. 그저 비난하고 단죄할 수 있을 뿐이다.

최근 들어 정상인이 저지른 이 수치스러운 그림자의 책임을 없애주기 위해 뇌과학자들이 나섰다. 뇌과학자 게르하르트 로트는 밝은 목소리로 모든 책임은 뇌에 있지 우리의 잘못이 아니라며 형벌 폐지와 범법자 갱생훈련 폐지를 주장했다. 정말 멋진 발상이다! 우리가 한 게 아니라 우리의 뇌가 한 일이다! 그리고 우리는 우리의 뇌를 마음대로 조종할 수 없다. 신경전달물질이 전두엽에서 미친 짓을 하고 도덕관을 엉망으로 만들어도 그걸 막을 방법이 없다. 로트를 비롯한 뇌과학자들의 발상은 사실 그렇게 새로운 것이 아니다. 이미 290년 전에 탄생한 아이디어다. 1720년에 존 톨랜드John Toland라는 사람이 뇌를 가리켜 '인간의 생각을 나름의 법칙으로 생산하는 기계'라고 설명했다. 당시의 사람들은 이러한 설명에서 오류를 인식할 만큼 충분히 배우지 못했으니 반박할 수도 없었을 것이다. 물론 피아노가 없으면 피아노 소네트를 연주할 수 없고 건반을 누르지 않으면 단 한 음도 낼 수 없는 게 사실이다. 그러나 베토벤 같은 작곡가들의 천재적 아이디어가 없다면, 그리고 내 딸 같은 피아노 연주자가 없다면 피아노 소네트를 결코 들을 수 없으리라. 우리의 모든 생각이 뇌 속의 어떤 물질적 변화와 일치하는 것도 사실이다. 또한 생각이 명확하게 형성되기 전에 특정한 신경전달물질이 먼저 반응하는 것도 사실이다. 그러나 피아노를 작곡가나 피아노 연주자와 혼동하는 것은 메뉴판과 진짜 음식을 혼동하여 종이를 뜯어 먹는 오류와 다를 바 없다. 철학자들은 이것을 범주의 오류라 부른다. 옛날에는 이러한 얘기가 농담으로 통했다. 그러나 오늘날에는 뇌과학자가 거룩한 성전에서 신비한 표정으로 던지는 말에 감히 큰 소리를 내거나 웃을 수 없다. 하물며 허튼수작으로 치부하고 노골적으로 거부하는 일은 말해 무엇하랴. 속임수의 정체를 밝히고 경박한 헛소리 하나에도 자유로운 사회질서가 무너질 수 있음을 경고할, 위르겐 하버마스(비평이론과 북미 실용주의 사회학자로 '의사소통 행위 이론'을 발표함)같은 철학자가 필요하다.

 이러한 뇌과학 이론의 매력은 어디에 있을까? 이러한 이론은 우리 정상인들의 짐을 덜어준다. 우리가 매일 만들어내는 광기에 대한 책임의 짐을 덜어준다. "미안하지만, 우리가 안 그랬어요, 우리는 안 그래요, 앞으로도 안 그럴 거예요! 뇌의 신경전달물질이 그랬어요! 우리는 전쟁, 기아, 인간과 자연의 약탈에 반대해요. 우리 인간은 이러한 혐오스런 행위에 책임이 없어. 신경전달물질이 우리를 망쳤어요." 우리는 이렇게 신이 나서 둘러댈 수 있다. 어쨌든 뇌과학이라는 '학문'은 우리의 무죄를 보장해주었고 우리는 선과 악의 저편에 안전하게 착륙했다. 그곳에서 우리는 행복하게 휴가를 즐기고 파티를 연다. 단지 누군가 몸이 좀 아플 때 혹은 불치병에 걸렸을 때, 아쉽지만 우리는 파티를 멈추고 아픈 사람의 신경전달물질에게 애도의 뜻을 표해야 한다. 약간의 동정은 자신의 행복을 위해서도 좋고 인류의 진화 면에서도 좋다. 왜냐하면 인간은 인간에게 늑대가 아니라 역시 인간이라는 것을 보여주니까 말이다. 그렇더라도 너무 과장하지는 마시라! 인간은 어떤 상황이든 적응해서 살게 되어 있다! 신경전달물질이 활동을 멈추면 환자 자신이나 환자를 돌보는 사람, 그리고 사회 전체가 고통을 당한다. 얄궂은 것은 사회가 욕창방지 침대라며 팔아 돈을 챙긴 통기성 침대가 어느 때에는 땀을 내기 쉬운 '웰빙 오아시스'로 불리기도 했다는 사실이다. 스웨덴 작가 닌니

홀름크비스트는 소설 『불필요한 사람들』에서 미래사회를 묘사했는데, 자식이 없는 50세 이상의 사람들이 국회의 성공적인 합의에 따라 어느 멋진 장소로 보내진다. 이들은 장기 농장으로 투입되어 곧 편안한 분위기에서 장기를 떼어주고 죽는다. 가능한 한 많은 것을 내어주고 생을 마감하는 것을 최고의 행복으로 여기는 사람이라면 그런 곳이 만족스러울지도 모르겠다. 신경전달물질이 웃는다!

그러니까 오늘날의 극히 정상적인 광기는 히틀러, 스탈린, 마오쩌둥과 같은 살과 피가 있는 사람의 끔찍한 행위에서 끝나지 않는다. 극히 정상적인 광기는 피도 눈물도 없는 이론을 추가했다. 그래서 광기의 독이 사회 전체에 살금살금 퍼졌다. 우리에게는 기쁨과 활기가 없다. 우리 사회의 활기찬 미래를 위한 몰입이 부족하다. 우리의 우울한 삶 때문에 사회의 행복 결산이 적자여서야 되겠는가? 잘 알고 있듯이, 우울한 삶에서 빠져나갈 '비상구'는 있다. 물론 당신을 위한 비상구도.

미치도록 정상적인 사람들

우리 사회에는 극히 정상적인 광기만 있는 게 아니다. 미치도록 정상적인 사람들도 있다. 단둘이 기차 안에 마주앉아 여러 시간을 함께 했는데도 전혀 얼굴이 기억나지 않는 쓸쓸하고 창백한 사람들이 있다. 이들이 정상적인 우리 사회의 회색 쥐다.

이들의 모토는? "튀지 말자!" 이들은 학교에서도 약간 노력하는 인상을 주면서 늘 중간을 유지했고 그래서 반 친구들도 이들에게 별로 신경을 쓰지 않았다. 사춘기 때는 선생님 의자에 몰래 껌을 붙이는 행위로 반항했다. 당연히 아무에게도 말하지 않았고 들키지도 않았다. 이들은 청결을 최우선으로 삼고 뼛속까지 청결한 여자를 동네 빨래터에서 만나 평생의 배우자로 삼았다. 돈을 준다기에 점원이 되었고 이상해 보이지 않으려고, 튀지 않으려고 자신의 욕구를 누르고 남들이 하는 대로 따라했다. 이들은 언제나 잘 차려입은 신사처럼 옷을 입었다. 그가 뭘 입었는지 아무도 기억하지 못하게 하려면 잘 차려 입어야 했기 때문이다. 또한 이들은 늘 전체의 의견을 따랐는데, 약간 비판적인 의견을 내놓을 경우에도 과격하지 않게 표현했다. 이들은 평이하게 죽었고 대부분의 친구들이 그랬던 것처럼 이들의 묘비에도 이렇게 적혀 있다. "조용히 잠들다." 이들은 죽었다. 다른 사람들도 다 죽으니까. 시체가 되어서도 이들은 일반적인 경향을 철저히 따른다. 이러한 사람들은 정신과의사를 만날 일이 전혀 없다. 심리테스트에서도 완전히 정상적인 사람으로 판명된다. 이들은 살아가는 모습도 잘 드러나지 않는다. 이들이 어떻게 사는지 아무도 알 수 없다. 다른 사람들이 느끼지 못할 뿐이지 어쨌든 이들은 살아 있다.

이렇게 미치도록 정상적인 사람들을 조롱할 생각은 없다. 어쨌든 이들은 우리 사회의 일부다. 모든 교통질서의 기본 조건이다. 통계에서 벗어나는 것을 가장 증오하는 통계학자들의 기쁨이다. 이러한 사람들이 도처에 있기 때문에 독특한 사람들이 더 특별하게 보이곤 한다.

그러나 이러한 사람들이 문제다. 이들은 튀는 사람을 싫어한다. 다채롭고 시끄럽고 눈에 띄는 것을 증오한다. 규칙 없는 혼돈, 잘못 주차된 차, 과속, 그리고 핸들이 오른쪽에 달린 차에도 분노한다. 튀는 사람들과는 말도 섞기 싫어한다. 그러다가 한계를 넘으면 마침내 폭발한다. 얌전하고 착한 시민은 격노하며 분노를 터뜨린다. 심리치료사 폴 바츨라빅은 이들의 피곤한 삶을 유명한 '망치 이야기'로 설명했다. 어떤 사람이 그림을 걸려고 보니 망치가 없었다. 그래서 이웃에게 망치를 빌려야겠다고 생각했다. 하지만 이웃 남자는 성격이 괴팍하고 거만하고 이기적이고 심지어 교활하게 보였다. 설령 이웃 남자는 망치가 있어도 빌려주지 않을 것 같았다. 파렴치하고 뻔뻔한 사람! 생각할수록 화가 치밀었다. 마침내 그는 잘 알지도 못하는 이웃 남자를 불러내 벌게진 얼굴로 다짜고짜 소리쳤다. "그깟 망치 안 빌리고 만다. 혼자 잘 먹고 잘 살아라!" 이웃 남자는 어안이 벙벙하여 굳은 듯 서 있었다.

미치도록 정상적인 사람들은 겉으로는 정상으로 보여도 예측불허인 사람들이다. 최근에 이웃과 늘 사소한 일로 다투던 아주 평범한 사람이 순식간에 이웃 가족 셋을 모두 죽인 사건이 있었다. 이 사람은 아주 정상인이었고 평소 이 사람의 행동에 대해 이의를 제기하는 사람은 아무도 없었다.

피 보는 게 싫어서 직접 때려죽일 생각이 없는 사람들은 정신적으로 죽인다. 오늘날은 '정치적 공정성(인종·민족·종교·성차별 등의 편견이 포함되지 않은 표현을 쓰자는 주장에서 비롯된 용어-옮긴이)'의 시대다. 그래서 조롱의 형틀이 생겨났다. 중세시대에는 죄인에게 형틀을 씌우고 죄명이 쓰인 판자를 들려 공공장소에 세워두었다. 오늘날 우리는 이것을 인간의 존엄성 훼손이라며 비판한다. 그러면서 동시에 우리는 어떤 사람이 공식석상에서 정확하고 공정한 표현을 사용하지 않았다는 이유로 모든 미디어에서 그를 조롱거리로 만든다. 중세시대에는 특정 장소와 특정 시간에만 형틀을 썼다. 그러나 오늘날의 정치적 공정성의 희생자들은 평생 형틀을 쓰고 어디서나 웃음거리가 된다. 왜냐하면 전자매체들이 공공연한 치욕을 전 세계로 퍼나르는 통에 그 기록이 영원히 남기 때문이다. 진정시키기 힘든 감찰욕구는 인간의 본성 깊은 곳에 자리한 듯하다. 감찰을 담당했던 중세교회가 사라지자 이제는 민주화된 대중 감찰을 이용해 누구든지 나서서 마녀사냥을 해댔고, 이해관계에 따라 상대를 지옥에서 온 교활한 악마 또는 선도가 불가능한 이단자로 낙인찍었다. 최근 연구결과에 의하면, 괴물처럼 으르렁대는 대중 감찰이 엄격한 규범을 따랐던 실제 감찰보다 훨씬 두렵고 끔찍했다고 한다. 실제로 감찰관들은 대중의 분노를 산 희생자를 공정하고 안전하게 추방하는 것이 자신들의 임무라고 이해했다. 그래서 마녀사냥은 실제 감찰이 제 기능을 하지 못한 지역, 즉 스페인이 아니라 독일에서 더 빈번하게 발생했다. 그러나 오늘날에는 정치적 공정성의 희생자를 위한 감찰기관이 없으며 스스로를 변호할 수 있는 법정도 없다. 미치도록 정상적인 사람들은 비판의 대상으로 지목된 사람을 무자비하게 파헤치고 다수가 말하는 대로 그들을 이해한다. 그리고 너도나도 한마디씩 한다. 무엇이 정상인지도 이들이 결정한다. 미치도록 정상적인 사람들이!

이러한 정상인들의 유일한 화근이 궤도 이탈자인 것은 당연하다. 높은 곳으로 궤도를 이탈한 사람에게 화를 내기에는 일개 회색 쥐의 처지로는 역부족이라는 것을 이들은 너무나 잘 안다. 그래서 궤도 이탈자들에게 돌리지 못하는 공격과 분노를 낮은 곳으로 돌린다. 위에 있는 사람들에게는 굽실거리고 아래에 있는 사람들은 짓밟기! 이러한 행위는 미치도록 정상적인 사람들의 특기다. 이들은 이러한 자신들의 행위를 당연하게 여기고 심지어 인간의 권리라고 믿는다. 전체 사회의 흐름을 막을 능력이 없다며, 세금을 많이 내지 않는다며, 마찰 없는 복종이 안전과 행복을 보장한다며, 이들은 외국인 노동자나 장애인 혹은 사회 패배자들에게 싸움을 건다. 육체적 싸움이 아니라 말로 하는 싸움이지만 그들이 던지는 말은 주먹보다 더 치명적인 무기다. 게다가 이들은 절대로 경솔하게 말하지 않는다. 다른 사람들 역시 자신과 생각이 같은지 먼저 꼼꼼하게 점검한 다음 일반적 의견이라는 확신이 서면 안심하고 다음과 같이 말한다. 외국인 노동자들은 본국으로 돌아가라. 실패는 다 본인 탓이다. 땀과 눈물 없이는 살 수 없다. 장애인의 탄생을 미리 막을 수 있는 정확한 진단법이 개발되었다. 그러니 장애인이 눈에 띄어서는 안 된다…….

속물스럽고 무딘 분위기가 대기를 장악한다. 고대 아테네 시절도 이러한 분위기였다. 훤한 대낮에 디오게네스가 등불을 들고 정상인들 사이를 돌아다녔다. 사람들이 그에게 뭘 하냐고 물으면 "제대로 된 사람을 찾는 중이다."라고 대답했다. 이처럼 미치도록 정상적인 사람들은 어느 시대, 어느 계층에나 있었다. 또한 의사 무리 속에도 있었다. 안락사 운동을 벌인 주인공은 나치가 아니라 바로 정신과의사였다. 1920년에 히틀러가 처음으로 안락사를 주장했을 때, 그 이름도 유명한 정신과의사 알프레드 호헤와 카를 빈딩이 나서서 '살 가치가 없는 삶'에 '선한 죽음'을 선물하는 것이라며 변호했다. (안락사란 '선한 죽음'이라는 뜻의 그리스어에서 왔다.) "정신분열증 환자는 정상인의 사회에 해를 끼쳐서는 안 된다." 정신분열증 환자의 질병 원인을 발견하고 그것을 없애서 정상인의 사회를 보호하려 노력한다면 참으로 반가운 일이다. 우리가 의사에게 바라는 것이 있다면 바로 그것이다. 그러나 인간보다는 질병이나 사물에만 관심이 있는 의사들은 인간을 조롱했고 거리낌없이 나치주의에 동조했다. 나치주의는 곧 사회 전반으로 퍼졌다.

1950년대에 유전자의 이중나선을 발견한 노벨 생리의학상 수상자 제임스 왓슨James Watson은 지능이 낮은 사람들이 자식을 낳으면 세금을 더 물려야 한다고 진지하게 제안했다. 지능이 낮은 사람을 세상에 내보내 사회에 피해를 입혔기 때문이란다. 그 뒤 그는 흑인들이 대체로 지능이 낮다는 취지의 인종차별 발언으로 사람들을 또 한 번 놀라게 했다. 그때서야 정치적 공정성이 칼을 빼들었다. 역사적 이유로 '인종에 대한 언급'은 터부시되었기 때문이다. 그는 인종을 언급하는 표현에 대해 고민을 했어야 했다. 예를 들어 '외국인'이나 '이질화'라는 말이 오른쪽에서 봐도 왼쪽에서 봐도 튀지 않는, 정상인들이 좋아할 만한 중간 표현이다.

미치도록 정상적인 사람들은 어느 문화에든 다 있다. 터키에서는 딸을 강제로 결혼시킬 수 있다. 이 나라에서는 딸이 반항하면 죽일 수 있고, 남자들이 바람을 피우는 것을 당연하게 받아들인다. 시칠리아의 어느 지역에서는 마피아들이나 하는 주장과 행위들이 매우 일반적이다. 예를 들어 '오메르타'라 불리는 '비밀 보장 약속'이 있는데, 이 약속으로 말해도 되는 내용과 말하면 안 되는 내용을 결정한다. 미치도록 정상적인 사람들은 오메르타를 쌍수로 환영한다. 왜냐하면 이들은 은밀한 얘기보다는 남들이 다 하는 얘기만 하고 싶어하기 때문이다.

아무 말도 하지 않는 사람들 역시 끔찍한 일을 저지를 수 있다. 이들은 비록 아무 말도 하지 않지만 무리에는 동참한다.

프랑스인 모두가 히틀러와 그의 가신들, 그리고 페탱에 대항했다는 것은 전설처럼 프랑스의 자부심을 키웠다. 그러나 1970년대 초에 상영된 역사 다큐영화가 이러한 상황을 간단히 뒤집어놓았다. 영화는 독일이 파리를 함락한 1944년 초에 페탱이 도시를 어떻게 활보했는지 보여줬다. 거리와 광장에는 군중들이 새까맣게 몰렸다. 파리 전체는 베르딩의 영웅 페탱을 향해 환호했다. 광장에 모인 인파는 200만 명에 달했다. 그 것은 개선 행진이었다. 다시 넉 달 후 같은 장면이 연출되었다. 그러나 이번에는 페탱을 쓰러트린 드골 제독이 해방된 파리를 활보했다. 역시 200만 명의 인파가 몰렸다. 파리 전체가 구원자를 향해 환호했다. 내레이터는 이렇게 말했다. "당시 파리 시민은 200만 명이었다. 군중은 같은 사람들이었다."

독일의 정상인들 역시 내용 면에서 광적으로 유연하다. '아침맥주' 라는 인기 프로그램의 정직한 사회자 베르너 회퍼Werner Hoefer는 전쟁 후 방송에서 "정상적인 민주주의가 돌아왔다." 라고 환호했지만 결국에는 고개를 숙일 수밖에 없었다. 왜냐하면 그 역시 나치를 정상이라 여겼고 방송에서 그렇게 말한 적이 있기 때문이다. 조지 오웰George Orwell은 자신의 유명한 소설 『1984』에서 대중의 강요와 그런 흡입력 속에서 개인으로 버티는 것이 얼마나 어려운지 잘 묘사했다. 미치도록 정상적인 사람들은 대중의 환호를 받는 사람이 등장하면 기꺼이 함께 환호한다. 그래서 이들은 히틀러, 스탈린, 마오쩌둥, 김일성에게도 박수를 보낸다. 그러면 이들은 순식간에 회색이 아니라 갈색이나 붉은색, 어쨌든 대중과 같은 색이 된다. 복제된 사람들처럼 한 줄로 서고 '극히 정상적인 광기'의 위협적인 등장에 환호한다. 수천수만 대중의 1인이 되어 안심한다. 이들은 궤도 이탈자들을 시도 때도 없이 조롱한다. 그리고 수적으로 우세한 자신들의 권력을 믿고 궤도를 이탈한 튀는 새들을 떨어뜨릴 수 있음을 깨닫는다. 이들은 살짝 들뜬 기분으로 전투력을 키운다.

'스탠더드패스'라는 말은 살짝 아이러니하게 들리는데, 사이코패스의 반대라고 생각하면 된다. 이를테면 너무 정상이어서 아픈 사람, 자신 또는 최소한 주변 사람들을 괴롭히는 사람들을 일컫는다. 스탠더드패스들에게는 이런 아이러니가 위험할 수 있다. 이를 악물은 '스탠더드패스'에게 유머, 특히 자신을 웃음거리로 만드는 유머는 너무 낯설기 때문이다. 이들에게는 가벼움도 없고 경솔함도 없다. 이들은 코미디를 볼 때도 다른 사람이 언제 웃는지를 먼저 살핀 후 따라 웃는다. 이들은 코미디를 꼭 이해할 필요는 없다고 생각한다. 그보다는 모두가 편안한 분위기에서 함께 있는 사실을 더 만족스러워한다. 항상 단정하게 행동하는 것이 중요하고 차를 주차장 선에 정확하게 대야 직성이 풀리는 이들은 조용히 대중 속에 묻혀 산다. 이들에게는 '미쳤다'는 욕이 가장 치욕스럽다.

02

골빈 사람들
우리의 삶을 지옥으로 만드는 것

정신박약은 다소 우스꽝스러움과 연결될 수 있다. 라인강 주변 지역의 카니발은 그야말로 '정신박약의 축제'다. 다 큰 어른들이 유치한 옷을 차려입고 바보처럼 행동한다. 이들은 유치함과 어수룩함을 즐긴다. 평상시의 삼가와 조심은 없다. 동심이 다른 사람의 동심과 만나 신나게 뛰어논다. 이날만큼은 완전히 다른 시각으로 삶을 본다. 결코 새 옷으로 치장하지 않는다. '정상적인' 옷차림과는 거리가 먼 헌옷을 입는다. 아버지의 밀짚모자에 증조할머니의 원피스 잠옷을 입고 엉터리 화장을 하면 준비는 끝. 이제 난리법석의 현장으로 들어갈 수 있다.

사람들은 모두 미친 짓을 하고 미친 짓을 즐긴다. 라인강 주변 지역에는 이른바 카니발이라는 제5계절이 있다. 이곳 사람들은 나머지 4계절 동안에는 수수하게 변장하고 정상인 행세를 한다.

베네치아의 카니발 축제에서도 이와 비슷한 경험을 할 수 있다. 라인강과 달리 이곳 카니발은 창의적 예술로 가득하다. 이탈리아 사람들은 환상적인 의상을 입고 베네치아 무대에 올라 축제를 즐긴다. 이들은 1년 동안 규정된 역할만 수행하다 카니발 축제가 시작되면 자신을 잊어버린다. 수많은 '교황들'이 수많은 수행원들과 함께 길을 걷는다. 나는 교황이 교황을 만나는 재미난 광경을 목격했다. 이국적인 가면들이 도시의 광장에서 자신을 뽐낸다. 심각한 사람은 한 명도 없다. 모두가 즐겁다. 그리고 우스꽝스럽지도 않다. 우스꽝스러움은 샐러드 접시에 앉은 황새 같은 카니발 모자를 쓰고 알록달록한 땡땡이 무늬가 찍힌 옷을 입고 일부러 우스꽝스럽게 걷는 라인강 카니발에서나 볼 수 있다.

정신박약의 축제에 특별한 목적은 없지만 깊은 의미가 있다. 축제는 정신을 자극한다. 일생에 다시없을 순간들이 환상과 상상의 세계 속에 펼쳐진다. 구경꾼들까지도 그 세계로 이끈다. 이러한 환상적인 놀이 덕분에 일상의 좁은 시선은 확대된다.

정신박약의 축제에 딱 맞는 이른바 멍청한 짓만 골라 하는 사람들이 있다. 이들은 정신 나간 짓으로 긴장을 푸는 연습을 하고 정해진 궤도에서 벗어나려 애쓴다. 그러나 애석하게도 우리 주변에는 정신박약이 아예 체화된 사람들도 있다. 그들의 정신박약은 우스꽝스럽지도 않고 재미나 흥미도 없다. 심각해질 뿐이다. '극히 정상적인 정신박약'이 전염병처럼 번지기 때문이다.

극히 정상적인 정신박약자들, 디터 볼렌과 패리스 힐튼

디터 볼렌은 팝 타이탄이라 불릴 만큼 재능이 뛰어난 음악가다. 디터 볼렌만큼 미디어가 관심을 집중한 사람도 없을 것이다. 몇 년 전에는 자신의 인생, 특히 '아랫도리의 활동'을 고백한 그의 자서전이 대히트를 치기도 했다. 「캐스팅 쇼(디터 볼렌이 진행하는 독일 스타 발굴 프로그램 – 옮긴이)」에서 그는 직접 고안한 음담패설로 청중들을 미치게 한다. 또한 텔레비전 출현이 생애 최고의 목표인 사람들, 철저히 웃음거리가 되는 순간을 인생의 최절정기로 여기는 사람들, 소박한 재능을 타고난 사람들에게 입담을 자랑한다. 그는 무대에 선 희생자에게 무자비한 조롱을 퍼부으며 때로는 바보처럼 때로는 사악하게 행동한다. 어쨌든 이러한 행위로 인기를 얻은 그는 화제의 주인공으로 죽을 때까지 심심할 날이 없으리라. 어차피 디터 볼렌이 관심을 갖는 사람은 단 한 사람, 자기 자신뿐이다. 디터 볼렌의 인기 비결은 무엇일까? 그는 자신을 상품화했고 명품화했다. 심각한 관계 장애라 해도 과언이 아닌 자신의 과거를 이용해 자신을 재미있게 광고했다. 그는 실제로 비극적인 임상사례에 쓸 만한 과거를 가졌다. 또한 그는 연인관계를 오래 지속하지 못했다. 어느 날 문득 타이탄의 애인들 눈에 타이탄을 평범한 크기로 줄어 보이고, 그러한 타이탄에게 더는 매력을 느끼지 못한다. 혹은 타이탄의 마음이 변했다고 원망한다. 그래서 그의 인생에 골을 남기는 재난이 닥친다. 결국 디터 볼렌은 서둘러 여자를 바꿔야만 했고 애인과의 극적인 파경을 황색잡지에 심심찮게 알렸다. 그리고 얼마 후에 다시 '새 애인'을 소개한다. 새 애인은 대부분 옛날 애인과 닮았고, 설령 닮지 않았어도 추측건대 곧 닮아갈 것이다. 디터 볼렌은 잡지 인터뷰에서 밝힌 그대로, 파경의 그날이 올 때까지는 매우 행복하다. 멜로드라마의 극적인 효과를 높이기 위해 그는 때때로 전개 순서를 바꾸기도 한다. 먼저 새 애인을 언론에 공개한 다음 옛 애인과 헤어진다. 옛 애인 입장에서는 똥 밟은 기분이겠지만 옛 애인과의 결별을 보도하는 잡지에는 다정한 포즈의 옛날 사진이 실린다. 아무도 그녀를 동정하지 않는다. 그녀가 무엇 때문에 타이탄과 사귀었는지 아는 사람은 다 알기 때문이다.

우리 병원의 환자 중에는 디터 볼렌만큼 뻔뻔한 사람도 없고 그의 놀이에 장단을 맞춘 여자들만큼 순진한 사람도 없다. 그럼에도 불구하고 디터 볼렌이나 그의 여자들은 미친 사람이 아니며 그래서 정신병치료를 받을 기회도 없다. 디터 볼렌은 육체적으로도 정신적으로도 건강을 자랑하며 행복해한다. 그래서 사람들은 그를 향해 털을 곤두세우며 분노한다. 이제 알겠는가? 디터 볼렌은 정상이다. 당신은 정신병자가 아니라 정상인이 더 문제라는 나의 명제에 이의를 제기할 수 있겠는가? '극히 정상적인 정신박약'의 디터 볼렌의 사례에서 더욱 확실해졌다. "정상인이 더 문제다."

그뿐이 아니다. 디터 볼렌 이전에 이미 군터 삭스가 있었다. 그는 돈을 아무리 펑펑 써도 재산이 결코 줄지 않는다는 사실을 1950~1960년대에 몸소 보여주었다. 그의 직업은 상속자였고 상속자로서의 의무를 충실히 이행하기 위해 열심히 돈을 썼다. 정신이상자라는 의심은 전혀 받지 않았다. 현대에는 보리스 베커가 오른쪽 팔과 두 발의 훌륭한 협응력을 발휘하여 테니스로 막대한 돈을 벌었다. 이건 전혀 문제가 안 된다. 하지만 특정 근육을 효과적으로 협응시킬 줄 안다고 해서 인생 또한 똑똑하게 사는 건 아니다. 이러한 경우의 정신박약은 누가 책임져야 할까? 계속 엉뚱한 사람만 치료했던 의사들이 책임져야 할까? 아니면 카메라와 마이크 앞을 떠날 줄 모르는 보리스 베커 자신이 책임을 져야 할까? 그러나 군터 삭스도 보리스 베커도 치료로 상태를 호전시킬 수가 없다. 치료를 받게 할 결정적인 전제조건이 없기 때문이다. 즉 이들은 아프지 않다. 아프기는커녕 끔찍할 정도로 철저히 정상이다.

이들과 똑같은 사람이 미국에도 있으니 바로 패리스 힐튼Paris Hilton이다. 고급호텔 상속자인 그녀는 모든 스포트라이트를 받고 싶었나보다. 또 온갖 이상한 행동은 다 해봐야 직성이 풀리

나보다. 최근에 그녀의 이상한 행동은 제대로 사회적 질책을 받았다. 슈퍼모델 나오미 캠벨Naomi Campbell 역시 집에서 일하는 사람에게 전화기와 유리잔을 던져 사회적으로 튀는 사람이 되었다. 튀는 사람답게 그녀는 미디어의 엄청난 관심을 받으며 서너 시간의 사회봉사활동을 즐겁게 마쳤다. 이쯤 되면 미쳤다는 말이 더 어울린다. 그러나 자기가 최고인 줄 아는 모든 슈퍼스타들은 전혀 아프지 않다. 이들은 나르시시즘 때문에 괴로워하지 않는다. 오히려 그걸로 돈을 번다. 이들은 이기주의를 귀감으로 내세운다. 설령 이기주의가 우리 사회의 복지수준을 망친다 해도 이들에겐 전혀 상관없는 일이다. 그러거나 말거나 이들은 매일 황당한 일을 만들고 그것을 화려하게 꾸며 판매한다. 나를 찾아오는 환자들 중에는 이러한 파티레이디들만큼 무책임하고 어리석은 사람은 단 한 명도 없다. 그럼에도 불구하고 힐튼이나 캠벨은 치료를 권유받지 않는다. 모두가 완전히 정상이기 때문이다!

그 사이 이러한 '극히 정상적인 정신박약'은 고유한 직업 분야로 발전했다. 바로 코미디 분야다. 웃기지도 않은 농담이 다른 곳에서 촬영한 청중들의 갈채와 함께 교차 편집되어 텔레비전 전파를 탄다. 코미디는 유머와 상관없이 청중들의 동물적 반응을 기대한다. 뭐든지 우스꽝스럽게 묘사한다. 별로 웃기지도 않는 유머에 성기를 연상시키는 소품을 넣어 키득대는 웃음을 유발한다. 수준은 정말 유치하다. 멍청한 캐릭터가 유치원 생일파티를 연상시키는 무대를 헐떡거리며 뛰어다닌다. 이러한 고통스런 억지웃음의 고문과 달리 정신병자가 유발하는 자연스런 웃음은 기분을 좋게 한다. 변덕스런 조울증 환자의 유머는 늘 기한 지난 쓰레기 유머보다 정신적으로 더 풍요롭다. 그 사이 극히 정상적인 정신박약의 코미디는 지속적으로 우리의 입맛을 망쳤다. 그런데도 이들을 치료할 수는 없다. 애석하게도 이들은 완전히 정상이기 때문이다!

옛날에 신비주의는 시간이 남아도는 심심한 레이디들에게 아주 재미있는 놀이주제였다. 심심한 레이디들은 재미삼아 별자리로 점을 치며 놀았다. 당연히 이러한 엉터리 예언을 진지하게 받아들인 사람은 없었다. 그러나 정신박약자들이 모든 것을 진짜로 믿을 수도 있는 위험이 확인되자, 심리학자 한스 위르겐 아이젱크와 1980년대의 여러 학자들은 점성술이나 그외 신비주의의 근거박약을 명확히 밝혔다. 그러나 너무 늦었다. 비합리성의 파도는 이미 걷잡을 수 없이 널리 퍼졌기 때문이다. 어쨌든 정상인들이 이러한 주제를 더욱 발전시켰다. 신비의 세계는 철저히 암흑 속에 숨겨져 있지만 우습게도 그 신비는 언제나 풀린다. 평범한 사람들은 늘 자신에게 부족한 신비한 에너지를 평범한 돌에서 발견한다. 이들은 또한 수맥을 찾기 위해 점 지팡이(수맥이나 광맥을 찾을 때 쓰는 지팡이—옮긴이)를 들고 길도 없는 험한 지역을 더듬는다. 이들은 인간의 모습을 한, 지능이 높은 외계인과 UFO를 철석같이 믿는다. 솔직히 이러한 허튼소리에 감탄하는 인류에게 무슨 흥미로운 것을 발견하겠다고 지구에 왔는지 그들에게 물어야 하리라! 비밀스러운 신비한 사건은, 자신들이 무식한 이웃보다 더 많이 안다는 우쭐함과 관련이 있다. 그리고 이들은 짧은 생애 동안 어떤 것도 놓치고 싶어하지 않는다. 못 배웠거나 아니면 대충대충 배운 탓에 비밀스런 지식이라도 안간힘을 다해 열심히 배우면 어쨌든 사물의 정수에 도달할 수 있다는 어처구니없는 상상을 한다. 이러한 현대인의 정신박약을 본다면, 소크라테스는 아이러니하게 웃을 것이고 부처는 온화하게 웃을 것이며 루터는 얼굴이 벌게지도록 화를 내리라.

고대 그리스에서 통용되었듯, 아무것도 믿지 않는 사람은 모든 것을 믿는다. 이단 공포가 다시 돌아왔다. 배웠다는 학자들마저 그저 실수하지 않기 위해, 지금 정말 해야 하는 일을 알아내기 위해 신비의 물건 주변을 맴돈다. 그리고 점쟁이를 찾아가거나 카드점을 친다. 정상인들은 귀신이 바로 옆자리에 앉은 것처럼 얘기하면서도 건강한 정신을 자랑하는 반면, 정신병원의 환자가 귀신을 봤다고 하면 즉시 약이 늘어난다. 혹시 오해할까봐 덧붙이는데, 어떤 황당한 이유에서든 비슷한 사람들끼리 모여서 죽은 사람과 대화하는 일은 결코 질병이 아니다. 정신박약일 뿐이다. 극히 정상적인 정신박약!

내가 아는 평범하고 정 많은 한 기업가는 어머니의 죽음을 슬퍼하는 아내를 위해 죽은 사람과 접촉하는 '영매'를 찾아갔다. 현대인들은 죽음의 두려움에서 벗어나기 위해 건강을 신봉하는 이른바 '건강 교회'를 선택했다. 하지만 그것만으로는 안심이 되지 않아 환생을 믿기 시작했다. 물론 여러 민족의 현인들은 '영원한 삶은 지옥'이라는 데에 의견일치를 보았다. 그러나 사람들은 적어도 한 번쯤 환생을 상상하며 흡족해했다. 이유가 확실한 갓난아기의 긴 울음소리, 유아기에 겪어야 하는 분노, 사춘기의 여드름 고민, 그리고 결국엔 초연의 경지에 이르게 해주는 일상의 여러 위험들을 다시 한 번 경험하고 싶다고? 정말 진지하게 환생을 꿈꾸는 사람이 있다면 그의 정신상태를 검사해봐야 한다. 그러나 안타깝게도 검사하는 사람은 정신과의사다. 역시 같은 진단이 나온다. 치료는 필요 없다. 이들도 모두 정상이기 때문이다!

오늘날 사람들은 고대의 황당한 신비찬양 수준으로 점점 신비주의에 다가간다. 신비주의의 믿기 힘든 헛소리에 비하면 대부분의 급성 정신분열증 환자는 매우 맑은 이성을 지녔다. 왜냐하면 신비주의에 빠진 사람보다 이웃 아줌마가 광선이 자신을 괴롭힌다고 호소하는 정신분열증 환자가 훨씬 상대하기 쉽기 때문이다. 그러나 신비주의에 흠뻑 빠진 신사숙녀들은 이 모든 것에 아랑곳하지 않는다. 마침내 모든 사물을 좀 더 깊고 정확하게 통찰하게 되었다고 확신한다. 이해하기 복잡하고 어려울수록 더욱 감탄하며 믿는다. 애석한 일이지만 엉터리가 아무리 복잡하더라도 엉터리이긴 마찬가지다. 그래서 신비주의자들은 더욱더 끈질기게 시간을 허비해가며 복잡한 어휘로 현혹적이고 수수께끼 같은 헛소리를 써댄다. 마음 같아선 지능이 낮은 정신박약자로 치부해버리고 싶지만 병적 증상이 없다. 신비주의 괴짜들의 지능은 정상 영역을 웃돈다. 신비주의의 허튼짓은 병적 정신박약이 아니라 정상적인 정신박약이다. 쉿! 웃어서는 안 된다. 신비주의자들에게 유머는 금물이기 때문이다!

여성은 설거지를, 남성은 혁명을!

'표준규범'이라는 말은 과거 몇 세기 동안 줄곧 중요한 척도였다. 표준규범의 권력은 절대적이었고 신뢰할 만한 타당성이었다. 사람들은 이러한 권력에 기초하여 사회가 안정적으로 발전하리라 믿었다. 하지만 고대 그리스의 비극은 전승된 표준규범과 통치자의 처신 사이의 끝날 줄 모르는 갈등이 주요 소재였다. 예를 들어 소포클레스의 『안티고네』를 보면, 안티고네는 규범에 맞게 오빠의 장사를 지내기 위해 자신의 생명을 담보로 한다. 비록 기본윤리를 한 사회에서 통용되는 규범의 합으로 정의하긴 했지만, 당시에는 실질적인 문제에 부딪혔다. 그리스에서는 부모가 죽으면 땅에 묻는 것이 자식의 기본윤리였으나 아시아의 어떤 지역에서는 존경의 표시로 자식들이 부모의 시체를 먹어야 했으며, 그리스 사람들은 이것을 잘 알고 있었다. 그러므로 무엇이 정상이고 무엇이 옳은지는 특정 사회의 기본윤리에 따라 달라진다. 윤리는 깊이 생각해서 아는 것이 아니라 살면서 저절로 경험해서 알게 된다. 그리스의 자식들은 이론적으로 숙고해서가 아니라 그렇게 하는 걸 보면서 자랐기 때문에 죽은 부모를 땅에 묻는다. 그리고 멀리 떨어진 아시아의 이상하고도 끔찍한 풍습은 지식으로서 그저 학문단계에만 머문다. 그러나 오늘날은 모든 것이 달라졌다. 탐험여행, 식민지 개척, 탈식민화를 거쳐 세계화에 이르렀다. 오늘날에는 시간과 장소의 경계가 모호해졌다. 원하기만 한다면 세계 어디에서든 어떤 시대에서든 전혀 다른 규범들을 현실로 가져올 수 있다. 과연 어떤 규범을 적용해야 하고 왜 그 규범이어야 할까? 이러한 통찰은 규범에 대한 편협한 시각을 넓혀준다. 현재 우리에게 주입된 규범은 우연일 뿐이다. 규범 없이도 행복하게 사는 곳이 얼마든지 있기 때문이다.

하지만 이러한 해방의 대가로 깊은 불안을 감수해야 한다. 모든 규범이 동시에 타당하다면 이것은 또한 규범이 중요하지 않다는 말이 아니겠는가. 괴테가 『타소』(르네상스 후기의 이탈리아 시인 토르쿠아토 타소와 궁정인의 갈등을 그린 희곡─옮긴이)에서 "마음에 드는 것을 허락한다."라고 적은 것처럼 말이다. 그러나 실제 생활에서는 이러한 해방이 통하지 않는다. 해방이 통하지 않으면 곧 스트레스가 온다. 이것은 사춘기 청소년이 겪는 스트레스와 똑같다. 모든 것을 주체적으로 결정하고 싶고, 당연히 지금까지의 인류와 완전히 다르게 결정하고 싶다. 그러나 무엇을 기준으로 결정한단 말인가? 모든 것이 제자리에 있지 않다면 무엇을 기준으로 방향을 잡아야 할까? 모든 규범이 세계 어딘가에서 적어도 한때 규범이었거나 아직도 규범으로 통한다면 도대체 무엇이 표준규범인가?

인간은 스트레스에서 벗어나기 위해 새로운 인위적인 사회 환경을 마련했다. 곳곳에서 다시 표준규범이 생겨나 우리를 지배하고 있지만 엉터리 규범도 종종 끼어 있다. 68혁명(프랑스에서 학생과 근로자들이 연합하여 벌인 대규모의 사회변혁운동 - 옮긴이) 당시 저항세력이었던 대학생들의 표준규범에서는 청바지가 저항의 유니폼이었고 심지어 혁명적 의미로 카메라 앞에 누드로 포즈를 취하는 것이 만연했다. 하지만 우리 모두 잘 알고 있듯이 카메라 뒤에는 또 다른 표준규범이 있었다. "여성은 설거지를, 남성은 혁명을!"

표준규범은 덜 혁명적인 사람에게도 이견의 여지가 없어야 한다. 최근 들어 교회가 사람들을 효과적으로 교회로 데려오는 방법을 고심할 때, 몇몇 사회학자들은 '하나로 묶을 수 있는 인간 집단'은 없다고 주장했다. 이른바 '지누스 밀리에(생활패턴, 가치성향, 미적 취향 등에 따라 분류한 환경 - 옮긴이)'라 불리는 다양한 환경에서 사람들의 변화무쌍한 표준규범 욕구만이 난무할 뿐이란다. 사람들이 기대하는 안락한 사회적 보금자리란 각자의 기준에서 절대성을 띤다. 사람들이 기대하는 환경은 가지가지다. 남자가 거실 소파에 누워 코를 고는, '전통에 뿌리를 둔' 투박한 환경이 있는가 하면, 초현대적 기술로 '안전'하게 꾸민 환경이 있고 혹은 '탈물질적인' 생태양식의 주거환경도 있다. 이러한 주거환경은 아마 다음 세기에는 건축학적으로 아무것도 남아 있지 않을 것이다. 그 사이 모두 생태적으로 완전히 분해될 것이기 때문이다! 표준규범이 있고 똑같이 한 음을 내는 메인스트림 환경이나 쾌락이 시민의 유일한 의무인 환경이라도 사람을 하나로 묶을 수는 없다. 이제 이 다양한 환경에 정확한 메시지를 보내기 위해 종교가 대표자를 자청했다. 그러나 그 때문에 종교의 선한 기능이 오해를 받는다. 종교는 사람들을 일상에서 이탈하도록 현혹할 수 있고 동시에 모든 허튼짓을 표준규범으로 만들 수도 있다. 서로 다른 분리된 영역을 그럴듯하게 섞을 수 있으며 혼합된 영역은 심지어 활기 있어 보일 수도 있다. 모나지 않게 잘 다듬어진 종교도 있는데, 마찬가지로 허튼짓을 표준규범으로 만들지만 머리가 텅텅 빈 사람들의 두뇌처럼 무용지물이 된 지 오래다. 우리는 누구를 미쳤다고 봐야 할지 헷갈릴 때가 종종 있다. 망상의 세계에 사는 사람들? 아니면 망상의 세계가 단지 재미난 묘사가 아니라 손에 잡히는 실제 현실이라고 철석같이 믿는 사람들? 그러나 지누스 밀리에서는 아무도 미치지 않았다. 거기에서는 모든 것이 정확히 제자리에 있다. 그곳 사람들은 자기를 완전히 정상이라 여긴다. 골빈 사람들이다!

지누스 밀리에는 사회폭발의 위험신호다. '조언자'들이 넘쳐나는 것도 마찬가지다. 사회학자 울리히 벡은, 각종 조언서들이 독일 전역을 황폐화시키고 있다고 비판하기도 했다. 예전에는 직접 깨닫거나 부모나 이웃 어른들에게서 보고 들어 배운 것들을 오늘날에는 모두 책에서 배운다. 자기 문제를 스스로 해결할 능력이 없다고 믿는 사람이 많아졌고 그래서 조언자들은 모든 사람들을 위해 조언한다. 너무나 당연한 현상들이 은밀한 현상처럼 되자 그것을 처리하기 위해 사람들은 검증된 전문가가 급하게 필요해졌다. 수백만 년 동안 '생각하는 인간(호모 사피엔스)'은 아기를 성공적으로 잘 양육했다. 여러분이 잘 성장한 것처럼 말이다. 그런데 오늘날에는 여성들에게 모유를 먹이라는 충고를 아주 진지하게 하는 상황이 되었다. 그래서 남성들은 가슴 아픈 소외를 경험한다. 아빠가 아기를 안아주는데 이 작은 말썽쟁이가 갑자기 빨기반사(아기의 입 주변에 젖꼭지나 손가락을 대면 반사적으로 빠는 행위 - 옮긴이)를 보이면 난감해진다. 당연히 아기는 아무것도 얻지 못하고 귀청이 떨어져라 울어대지만 아빠는 젖을 먹일 수가 없다. 남성들은 이러한 가슴 아픈 좌절을 어떻게 극복해야 할까? 이 문제에 관한 한 남성들은 철저히 버려졌다. 틈새시장 발견! 조언자들은 심지어 코를 파는 사람에게도 조언을 한다. 아무리 깊이 코를 파도 동맥에는 아무런 지장이 없다! 조언자는 거대한 정상화의 일부다. 이들은 불안한 사회에 최소한 작은 이정표라도 주려고 노력한다. 그러나 이러한 식으로는 진정한 정상인이 될 수 없다. 기껏해야 골빈 사람만 될 뿐이다.

어리석은 정상인의 지누스 밀리에가 하나로 뭉치는 장치는 바로 멸시다. 다른 사람에 대한 멸시. 그 사람이 속한 환경은 그가 어떤 환경을 혐오하고 공격하는가에서 가장 확실하게 드러난다. 사람들은 당연히 자신의 잘난 부분이 평범한 사람들에게 귀감이 된다고 여긴다. 부부 심리치료사 위르크 빌리는 부부들이 공동으로 선호하는 대상보다 공동으로 혐오하는 대상을 더 많이 가졌음을 확인했다. 사이가 안 좋은 부부라도 잔치 후 귀가하는 차 안에서 다른 부부를 신나게 흉보다보면 갑자기 사이가 아주 좋아진다. "그 여자 드레스 봤어? 정말 확 깨더라!" "맞아 맞아!" 솔직히 털어놔보자. 정말 그런 적이 한 번도 없었는가?

어떻게 하면 돈을 많이 벌 수 있을까? 당연히 돈으로 약점을 가릴 수 있다. 돈은 '아멘'만큼이나 확실하니까. 남들 하는 대로 따라하기. 이것이 인간의 고치기 어려운 최대 약점이다. 그래서 이것은 현대 마케팅 전략의 어머니다. 모두가 하는 것은 잘못일 리 없다. 나도 안전하게 따라 한다! 사람들은 무엇이든 상관없이 꼭 무리에 끼려 한다. 남들과 다르면 십중 팔구 조롱거리가 되기 때문이다. 유행은 마법의 주문이다. 모두가 체크무늬 옷을 입으면 따라서 체크무늬 옷을 입으려 한다. 모두들 그렇게 하니까, 그리고 모두가 하는 것은 정상이라고 생각하니까. 그러나 그것이 완전히 정신 나간 행동이었고 실제로 멋과는 전혀 상관없었다는 것은 10년쯤 후에, 옛날에 자기가 입었던 옷이 촌스럽고 끔찍했다고 느낄 때 비로소 드러난다.

지금 최고인 것이 10년 후에도 여전할 것이라 기대하는 것은 금물이다. '정상인'의 기호는 절묘하게 조종되어 끊임없이 변하며, 마케팅 전략에서 최고의 매력을 갖는다. 매년 "이것이 유행이다!"라는 말로 전투가 시작되고 아주 평범한 의상이 멋진 신상품으로 둔갑하여 사람들을 치고받게 하는 일은 확실히 경제적으로 멋진 소망이다. 사람들은 유행이라는 한마디로 온갖 허튼짓을 정상으로 설명한다. 유행의 폭군은 해마다 새롭게 허튼짓을 정상으로 보이게 하고 의류산업 경제를 회생시킨다. 의류산업에서 돈이 구른다. 계속 옷을 갈아입는 들러리들, 옷을 사 입는 소비자들, 허튼짓을 경쟁적으로 하는 사람들. 이런 사람들만 힘들다. 패션감각이 좋은 탓에 엄청난 피해를 본다. 하지만 이것은 정상인 대열에 끼고 싶고 유행의 한복판에 서고 싶은 욕망의 대가다. 이것은 병이 아니다. 이들은 멋지고 정상으로 보인다. 아무리 나쁘게 말해도 골빈 사람일 뿐 여전히 정상이다.

"완전히 망가졌어."라는 말은 자의든 타의든 어떤 규칙을 무시하고 멋대로 행동하는 사람에 대해 과거에 흔히 쓰이던 표현이다. 철학적으로 말해서, 이런 사람들은 앞으로 망가질 수도 있고 이미 망가졌을 수도 있다. 그러나 사람들은 이러한 정상 이탈자의 존재뿐 아니라 그들의 능력까지도 부인한다. 자신을 세상의 중심이라고 여기는 어떤 골빈 사람은 "구제불능이야!"라는 파괴적인 코멘트를 날리기도 한다. 요즘 젊은이들은 쿨하냐 아니냐로 평가한다. 그리고 자기와 맞지 않는 낯선 환경에 처했을 때 슬금슬금 피어나는 감정의 표현으로 아무 때나 "쪽팔려!"라는 말을 쓴다. 사춘기 청소년들은 아직 '정상적'인 환경에 대해 아무것도 결정하지 않았기 때문에 일단은 불편한 모든 상황을 '쪽팔리는 상황'으로 여긴다. 특히 부모에 대해서는 더 그렇다!

"사실 정신병과는 상관없어요. 내가 옳다는 걸 남편이 깨닫기만 하면 우리 부부는 아무 문제가 없을 거예요." 부부심리 상담에서 여자가 먼저 자신있게 말문을 열었다. 화가 잔뜩 난 남자가 흥분해서 되받아쳤다. "맞습니다, 정신병과는 상관없어요. 아내가 옛날처럼 내 말에 고분고분하기만 하면 우리 부부는 아무 문제가 없을 겁니다." 이러한 부부와 마주한 심리치료사는 불리하다. 차라리 중재를 정중히 거절하는 편이 나을지도 모른다. 이러한 부부의 30년 전쟁에 끼어드는 일은 매우 경솔한 짓이다. 기껏해야 양측이 심리치료사를 공동의 적으로 규정하는 상황이 되고 말 것이다. 하긴 그렇게라도 된다면 적어도 부부관계는 안정되겠군! 이러한 경우 시도해볼 만한 전략이라면, 먼저 관계가 좋았던 시절에 대해 묻고 그때로 돌아갈 방법이 무엇이겠냐고 조심스럽게 질문하는 것이다. 그러나 대개 전투적인 부부는 밋밋한 평화에는 별로 관심이 없다. 그렇다면 전쟁을 하되 힘을 덜 빼는 방식을 제안하는 방법이 있다. 물론 양측이 일단 자기주장만 옳다는 생각에서 벗어나야 이 방법이 통한다. 하지만 이것이 정상인한테는 매우 힘들다. 정신분열증 환자는 아픈 기간에만 자신이 유일한 정상인이라 여기지만, 정상인들은 정도의 차이는 있겠지만 자기만이 정상이라는 확신으로 거의 평생을 살기 때문이다. 자신이 비정상일 수도 있음을 한번쯤, 아니 솔직히 말해 늘 의심해보는 일은 미치도록 정상적인 사람들이나 골빈 사람들, 그리고 우리 모두에게 매우 좋은 일이다. 이때 가장 좋은 수단은 바로 유머다. 하지만 애석하게도 우리 일상에는 진정한 유머가 드물다.

진정한 유머는 어리석은 정상인의 황폐한 세상에 해방감을 주며, 자신과 자신이 옳다고 믿는 곰팡내 나는 환경에서 한 발 물러나 관망할 수 있게 해준다. 또한 사람들과의 좋은 관계를 위해 특정 규범이 흔들릴 수는 있어도 그 반대로 특정 규범을 위해 인간관계가 흔들려서는 안 됨을 배운다. 유머를 통해 가끔은 재미삼아 비정상이 되는 것도 멋진 일이다. 그러나 미치도록 정상적인 사람들은 그러한 유머를 전염병만큼이나 싫어한다.

극히 정상적인 광기, 미치도록 정상적인 사람들, 극히 정상적인 정신박약, 그리고 골빈 사람들 얘기의 끄트머리에서 자신있게 밝히는데, 이 모든 정상인들이 우리 사회의 진짜 문제다. 그것은 뉴스보도와 황색잡지가 제대로 증명해주고 있다. 하지만 안타깝게도 치료 가능성이 없다. 불행한 일이다. 어쩌면 우리는 4년마다 '극히 정상적인 광기'의 정치가를 떨어뜨릴 수 있다. 하지만 어떤 국가에서는 선거 자체를 없애 이러한 해결책의 싹마저 잘라버린다. 극히 정상적인 광기의 정치가는 대중매체에 해마다 열심히 등장한다. 한편 '극히 정상적인 정신박약'의 대표자는 정치가로 변신하지 않는 한 낙선되지 않기 때문에, 애석하게도 우리 사회의 디터 볼렌에 맞설 민초는 결코 자라지 않는다. 상황은 막막하다. 미치도록 정상적인 사람들, 골빈 사람들이 우리의 삶을 결정하고 우리의 삶을 지옥으로 만든다. 사람들은 늘 비범한 인물을 기대하지만 언제나 평범한 인물을 얻을 뿐이다.

PART. 2

우리는 엉뚱한 사람을 치료하고 있다

'대부분의 경우 생각이라는 것은 편견을 다시 배열한 것에 불과하다.'
__윌리엄 제임스William James

01

Why
살짝 돈 것도 돌기는 마찬가지

어쩌면 아직 희망이 있을지도 모른다. 옛날 사람들은 병과 건강을 엄격히 구별하지 않았다. 간질 환자는 발작 중에 신과 직접 접촉한다고 믿었기 때문에 간질을 '모르부스 사케르Morbus sacer', 즉 거룩한 병이라 불렀다. 또한 정신병자를 오늘날처럼 체계적으로 엄격하게 정상사회에서 분리하지도 않았다. 정신병자들은 특유의 독특함으로 보다 환상적인 세상을 빚어냈다. 이들은 규범을 비웃었고 그런 미소가 모두를 따뜻하게 했다. 정상인들까지도.

정신병자를 보는 사회의 따가운 시선을 다시 부드럽게 하고 미치도록 정상적인 사람들의 멸시에서 이들을 해방시킬 수는 없을까? 할 수 있다! 그 사이 정신병치료와 심리치료에서는 환자에게서 질병만 보는 것이 아니라 정신적 위기에서 벗어날 수 있는 특별한 능력을 환자에게서 찾아내는 발전이 있었기 때문이다. 병든 사회 안에도 이러한 치유의 힘이 있다면, 그래서 그것을 찾아내 쓸 수 있다면 얼마나 좋을까!

환자에게서 치유의 힘을 찾는다? 아무래도 상세한 설명이 필요해 보인다. 아울러 고개를 갸웃하는 독자들을 위해 현재 학계가 인정하는 모든 정신병치료와 심리치료를 일반인이 쉽게 이해할 수 있도록 설명이 필요해 보인다. 그래서 이제부터 간간이 유머를 섞어가며 이들에 관한 설명을 시작해볼 작정이다. 물론 유머는 요즘 대세가 되어버린 '기가 막히게 웃긴 골빈' 사람들의 유머가 아닌 '건강하게 웃기는' 유머만 골랐다.

정신과의사가 미치면?

최근에 우연한 기회로 가톨릭 신자인 정신과의사와 얘기를 나누게 되었다. 나의 애송이 시절 경험담부터 시작해서 이런저런 얘기를 나눴는데, 이쪽 계통에선 이름이 어느 정도 알려진 이 다정다감한 정신과의사가 혼잣말처럼 슬쩍 흘린 얘기에 나는 충격을 받아 머리가 다 띵해졌다. 그는 이탈리아 아시시의 프란체스코 성인이 도대체 어떻게 정신분열증을 이겨냈는지 늘 신기하고 궁금하다고 했다. 프란체스코 성인이 정신분열증이라고? 온몸의 관절이 내려앉는 기분이었다. 다른 사람들과 마찬가지로 나 역시 프란체스코 성인을 언제나 높이 평가했었다. 아시시 지방에서 온 이 '걸인'은 중세의 상류층을 열받게 하고, 가난한 사람들을 늘 생각하고, 새들과 대화하는 사람이 었다.

부잣집 도련님이 아버지에게 반항하고 맨몸으로 가출해서 거지로 사는 건 쉽게 이해할 수 있는 일은 아니지만 그렇다고 정신분열증이라는 표현은 좀 심한 거 아닌가? 나는 만인의 존경을 받는 이 가난한 성인의 널리 알려진 생애를 하나하나 짚어가며 정신의학적 용어로 설명했다. 진단결과는 그야말로 충격이었다. 정신분열증이 맞는 것 같았다! 프란체스코 성인은 환청을 들었다. 자신에게 명령을 전달하는 어떤 목소리를 들었다. 환청은 정신분열증의 1급 증상이다. 그는 아시시 근처의 낡고 작은 성당에서 십자가에 달려 있는 예수의 목소리를 들었다. "나의 교회를 다시 세워라!" 그는 이 말을 상징적으로 이해하지 않고 말 그대로 '건설적으로' 이해했다. 프란체스코 성인은 돌을 쌓고 또 쌓아 교회를 다시 세웠다. 젊은 사내가 누더기 옷을 입고 병원 입구에다 작은 교회를 다시 세우겠다며 돌을 쌓는다고 상상해보라. 지나가는 사람이 이상하게 쳐다볼 테고 마침내 경찰이 출동할 것이다. 거기서 뭐하냐고 물으면 젊은 사내는 환한 표정으로 십자가의 명령을 들었다고 답할 것이다. 확언하건대, 우리 병원에 환자 한 명이 더 늘어날 것이다. 솔직히 의심의 여지가 없는 확실한 사례다. 그렇지 않은가?

이 결과는 나를 매우 흥분시켰다. 하지만 또한 매우 쉽게 문제를 해결했다. 과연 전 세계의 독특한 사람들, 특이한 경험을 했던 사람들, 부처, 세례자 요한, 콘스탄티누스 황제, 루터, 그리고 프란체스코 성인까지 모두가 미친 거였을까? 정신과의사인 쿠르트 슈나이더는 환청을 정신분열증의 1급 증상으로 지목했다. 이것은 논란의 여지가 없다. 어쨌든 신의 음성도 환청은 환청이다. 하지만 뭔가 찜찜했고 완전히 동의하기가 어려웠다. 그래서 나는 정신의학의 기초를 깊이 파고들었다. 그리고 깜짝 놀랄 만한 결과에 도달했다.

정신병치료를 뜻하는 사이키아트리Psychiatrie의 어원은 그리스어로, 정신을 뜻하는 사이키Psyche와 의사를 뜻하는 이아트로스Iatros가 합쳐진 말이다. 의사의 유일한 과제는 고통받는 사람들을 치료하거나 그들의 고통을 최소한이라도 줄여주는 것이다. 오로지 이 목적을 위해 진단이 필요하다. 그렇기 때문에 아리스토텔레스가 이미 지적한 것처럼, 진단은 매우 특별한 형태의 인식 행위다. 진단은 자연과학의 인식처럼 스스로 깨치는 것이 아니라 주체와 상관없는 목적 지향적 인식이다. 그리고 진단의 목적은 오로지 치유다. 아픈 사람을 치료하는 것이다. 그런데 정신병자들의 고통은 그들에게 닥친 이상한 현상 때문만이 아니다. 이들은 흔히 다른 사람들과의 의사소통에서, 즉 정상적인 세계와 소통하지 못하는 장애 때문에 고통을 받는다. 정신병자들은 대개가 자신만의 고유한 세계 속에 꽁꽁 숨어 있다. 그들은 아무도 자기를 이해하지 못할 거라 확신하기 때문에 다른 사람과의 접촉을 두려워한다. 정신과의사의 성공적인 치료란 환자가 스스로 장애를 이겨내거나 최소한 줄이는 것은 물론 사회의 일원으로 돌려놓는 것이기도 하다. 인간이라면 자유롭게 소통하며 사회적 존재로서 살 수 있어야 한다. 정신과의사의 최고 과제는 정신병자들을 정신의학의 모든 수단, 즉 약물치료는 물론 그 밖의 모든 방법을 동원하여 사회적 존재로 건강하게 되돌려놓는 것이다.

여기서 중요한 물음은 환자가 병 때문에 스스로 괴로워하고 주변 사람들을 힘들게 하며 의사소통에 문제가 있는가다. 프란체스코 성인은 어땠을까? 스스로 괴로워했고 주변 사람들을 힘들게 했으며 의사소통에 문제가 있었을까? 확실히 아니다. 그는 늘 명랑했다. 그는 파리 한 마리도 괴롭히지 못하는 사람이었으며 의사소통 능력은 믿기 어려울 정도로 대단하여 당시의 젊은이들을 수천 명씩이나 감동시켰다. 오늘날까지도 그를 따르는 무리들이 지구 전체에 퍼져 가난에 대한 규칙을 따르고 있다. 또한 그는 기독교의 화합에도 매우 의미있는 인물이다. 왜냐하면 가톨릭과 개신교, 그리고 정교회에서까지 가장 본받을 만한 삶의 귀감으로 그를 지목하고 있기 때문이다. 결론적으로 프란체스코 성인은 정신의학이 말하는 정신병자와는 거리가 멀다. 만약 정신병자들이 모두 프란체스코 성인 같았다면 정신병치료는 결코 발명되지 않았을 것이다. 말하자면 프란체스코 성인은 매우 기이한 경험을 한 아주 특이한 사람이지만 치료가 필요한 환자는 아니었다. 십자가의 음성이 정말 신의 음성이었느냐, 아니면 광신도의 환청에 불과했느냐에 대한 물음은 여기에서 중요하지 않다. 어떤 답이 나오든 프란체스코 성인은 건강한 사람이었다.

이제 모든 것이 명확해졌다. 정신병자를 진료할 때 쓰는 잣대를 건강한 사람에게 똑같이 적용하는 것은 위험하다. 정신병 증상이 전혀 없는 사람들에게, 그것도 가까운 동료에게까지 정신병 진단을 해보는 정신과의사나 심리치료사들이 있는데, 이는 분명 악취미이며 진단법을 악용하는 것이다. 평범하지 않은 사람도 건강하다는 것을 우리는 기본적으로 인정해야 한다. 그렇게 인정하지 않으면 세상은 지루한 '스탠더드패스'의 독재가 된다.

오직 하나의 이념 위에 선 표준규범을 따르고 여기서 벗어난 모난 것들은 혐오하고 깎고 다듬어 평평하게 만들려는 회색 쥐들의 세상이 된다. 이러한 세상에서 정신과의사는 진단법을 악용하여 평범하지 않은 모든 사람들에게 정신장애라는 꼬리표를 단다. 결국 달갑지 않은 치료가 다채로운 세상을 정복하고 말 것이다. 이들을 치료하느라 바쁜 나머지 정신과의사들은 정작 고통받는 사람들은 치료하지 못한다.

프란체스코 성인의 일화는 내게 어떤 깨달음을 주었고 그 후로 나는 정신의학 지식을 '쿨하게'하게 대할 수 있었다. 의학은 결코 진리의 가르침이 아니다. 그리고 정신병치료는 해석학을 기반으로 한다. 다시 말해 정신과의사는 증상을 보고 어느 정도 유용한 해석을 하고 그것을 바탕으로 고통받는 사람들을 치유할 열쇠를 찾는 것이다. 딱 그만큼이다. 그 이상도 이 이하도 아니다.

철학을 모르는 정신과의사

거대한 제국으로 성장한 정신의학이 프란체스코 성인처럼 멋진 사람만 위협한 것이 아니다. 환상의 세계에서나 나올 법한 특이한 사람들에게는 정신과의사는 그들의 존재를 위협하는 사람일 수 있다. 불멸의 아름다운 이야기 『신부님, 우리들의 신부님』에 나오는 돈 카밀로 신부를 생각해보자. 시골 성당의 돈 카밀로 신부가 이따금씩 십자가의 예수와 열띤 논쟁을 벌이는 장면을 기억할 것이다. 열정이 넘치는 돈 카밀로 신부의 무모함 때문에 예수는 곤란을 겪기도 한다. 그래서 신의 아들은 자주 신의 사람을 야단친다. 대부분의 순진한 정신의학도들은 이렇게 핏대를 세우리라. "쿠르트 슈나이더에 의하면 대화하는 환청은 정신분열증의 1급 증상이다!" 이러한 주장이 어떤 결과를 가져올지 곰곰이 생각해보라! 공산주의자 페포네에게 돈 카밀로 신부는 골치 아픈 눈엣가시였다. 그리고 시장으로서 페포네는 당연히 질서를 바로잡아야 하는 관리였고, 공공의 안전과 질서 유지에 책임이 있었다. 만약 어떤 사람이 정신병 때문에 자기 자신이나 다른 사람을 위험하게 한다면, 전문용어로 '자타위협형 환자'라면 이 사람은 본인 의지와 상관없이 책임 관청을 거쳐 정신병원으로 보내질 것이다. 하지만 이러한 일은 실제로 발생하지 않았다. 페포네의 눈으로 보면 돈 카밀로 신부는 충분히 자타위협형 환자였고 게다가 자신을 위협하는 존재였다. 하지만 만약 정신분열증이라는 진단을 내려버린다면 착한 돈 카밀로 신부는 곧장 정신병원으로 실려갈 것이다. 결국 아름다운 이야기는 시작도 하기 전에 끝나버릴 것이다. 그러나 그 끝은 스펙터클한 진단 오류로 마무리된다. 시골 성당의 쾌활한 신부는 전혀 아프지 않았기 때문이다. 활력이 넘쳤을 뿐만 아니라 여러 기발한 아이디어도 냈다. 한마디로 돈 카밀로 신부는 몸과 정신 모두 건강의 귀감이었다.

괴짜 배우 클라우스 킨스키를 정신병자로 보려는 사람들도 많았다. 실제로 그는 그러한 사람들 때문에 정신병 진료를 받기도 했다. 당시 정신의학의 상식에 의하면, 예민한 사람들은 적어도 한 번은 정신병원 신세를 진다는 것이었고 킨스키 역시 예외는 아니었다. 그러나 이 예민한 괴짜 예술가가 정신병자라는 증거는 전혀 나오지 않았다. 정신과의사는 괴짜들을 잘못 진단하여 그들의 평온을 빼앗지 않도록 조심해야 한다.

우리 모두는 정도의 차이가 있을 뿐 누구나 죽음을 향한 심연에서 아슬아슬한 곡예를 한다. 그러나 대부분의 사람들은 심연을 보지 못한다. 대부분의 사람들이 심연을 보지 못한다고 무시하려는 것은 아니다. 심연을 살펴 좀 특이하게 처신하는 사람들을 미친 사람으로 치부하지 말라는 얘기다. 프리드리히 니체는 인간 존재의 한계를 괴로워했고 그것에 대해 철학하고 시를 지었다.

만약 대부분의 기독교인이 니체의 무신론을 미친 사람의 헛소리로 평가해버린다면 그것은 결코 그리스도 영성을 위해서가 아니다. 니체는 미치지 않았다. 그저 말년에 매독에 의한 뇌 염증 때문에 고통을 받았고 이따금씩 혼란을 겪었을 뿐이다. 그러나 그의 위대한 철학은 결코 혼란의 산물이 아니며 미친 사람의 헛소리도 아니다. 오히려 홀대되던 무신론을 가장 성공적으로 설명했다. 니체는 미친 상태에서 이러한 철학을 정립한 게 아니다. 너무 많은 생각을 해서 니체가 미친 것도 아니다. 그저 미세한 균이 그의 뇌를 파괴했을 뿐이다. 생각을 너무 많이 하면 미칠 수도 있다는 억측은 시기심 많고 소견이 좁은 선술집 철학자들의 신화일 뿐이다. 정신과의사는 이러한 철학을 모른다. 그래서 어렵고 위험한 생각을 완화시키지 못한다. 어렵고 위험한 생각 중 몇몇은 옳고 대부분은 틀렸을지 모르지만 병적인 생각은 없다.

천재와 광기, 이 둘은 흔히 종이의 양면 같다고 한다. 그러나 이것은 전혀 사실이 아니다. 천재들이 평범하지 않은 건 맞지만 그렇다고 미친 건 아니다. 오히려 정반대로 이들은 천재적인 어떤 업적을 위해 머릿속을 철저히 정돈한다. '미친 사람'은 이따금씩 기발한 업적을 이루기도 하는데, 과장을 좀 보태면 여러 뛰어난 작품들은 그들의 손에서 나왔다. 하이델베르크의 프린츠호른이 수집한 정신병자들의 예술작품은 거의 전설이 되었다. 정신병자는 당연히 예술가가 아니다. 정신병을 가진 예술가들은 기본적으로 정신병 때문에 뛰어난 작품을 만든 것이 아니라 정신병에도 불구하고 예술적 창의성을 발휘한 것이다.

설령 이들이 정신병 덕분에 존재에 대해 깊은 감동을 받았다 하더라도 말이다. 정신병자가 뛰어난 예술작품을 완성했다면 당연히 아프지 않은 동료들과 똑같이 추앙받고 싶어할 것이다. 그런 의미에서도 정신병자의 예술품 수집은 중요하다. 그러나 무턱대고 열광하지는 말라. 정신병자들의 작품이나 피카소의 작품이나 일반인이 이해하기 어렵기는 마찬가지겠지만, 미친 사람이 아무렇게나 끼적거린 것과 예술은 완전히 다른 것이다. 하긴 기본적으로 정신병자에게 존경을 표하는 사람은 없다. 우리는 정신병자에게 예의를 지켜 언행을 조심하지 않는다.

한편으로는 정신병자를 예술가로 만들려 애쓰고, 또 한편으로는 유명한 예술가를 정신병자로 만들려 애쓰는 사람들이 있다. 확실히 이것은 자기들처럼 평범하지 않은 모두를 미친 사람으로 낙인찍고 싶어 안달이 난, 미치도록 정상적인 사람들의 시기와 질투에서 나온 반응이다. 물론 그렇다고 예술의 진짜 가치가 변하지는 않겠지만 말이다. 환상적 기법의 화가 살바도르 달리Salvador Dali, 독특한 외모의 행위 예술가 요셉 보이스Joseph Beuys, 괴짜 예술가이자 팝 아트 운동의 선구자인 앤디 워홀Andy Warhol, 이들 모두는 확실히 평범하지 않았다. 그러나 미치지도 않았다.

평범하지 않은 어떤 사람이 미친 사람이냐 아니냐를 결정하는 것은 도대체 무엇일까? 어떤 행위를 미친 짓으로 볼 것인지는 전적으로 사회적 약속에 달려 있다. 그런데 옛날 사람들보다 요즘 사람들이 덜 관용적인 것 같다. 말하자면 현대인들은 뭔가 이상하다 싶으면 재빨리 병으로 해석하는 경향이 있다. 그러나 정신과의사는 이러한 경향에 휩쓸리면 안 된다. 요한 호이징가의 『중세의 가을』을 읽다보면 15세기의 매력적이고도 기괴한 통치자, 괴짜 귀족들, 그리고 활발한 기운으로 가득한 평민들이 빚어내는 다양성에 매료된다.

익살극을 펼치는 호사스러운 궁정 광대, 마을 얼간이, 평범하지 않은 평민들이 행동방식이나 성격에 관한 표준규범의 스펙트럼을 넓혀놓는다. 그러나 다양하고 독특한 성격과 행동방식을 모두 품을 만큼 표준규범의 스펙트럼은 넓었지만 그렇기 때문에 위험한 면도 있었다. 통치자나 요직에 있는 사람들이 갑자기 돌변했을 때 모두가 고통을 당해야 했기 때문이다.

치료할 수 있다, 치료할 수 없다

중세시대에도 정신병자는 있었다. 그러나 이들은 정신병자로 인식되지 않았다. 왜냐하면 정신병이라는 용어조차 없었던 시절이기 때문이다. 그래서 정신병자는 귀신들린 사람이나 범죄자로 여겨졌다. 어떤 이들은 장날 구경거리로 세워지기도 했다. 튀빙겐의 정신병자 프리드리히 횔덜린은 1807년에서 1843년 죽을 때까지 탑에 갇혀 동물처럼 살았다. 영주 식구들이 애완동물처럼 친절하게 대했는지는 모르겠지만 말이다.

정신병자들이 실제 생활에서 고통을 받고 그것을 숙명으로 받아들인다는 사실을 처음으로 인식한 사람은 의사가 아니라 정신의학과는 상관없는 기독교 수도자들이었다. 이미 17세기부터 벨기에, 네덜란드, 남부 독일에서 알렉시아너 형제회가 이러한 사람들을 수도회로 데려가 일반인들의 조롱과 괴롭힘에서 구해냈다. 그리고 그로부터 한참 후인 18세기 말에 와서야 비로소 의사들이 정신병을 발견했다. 프랑스의 정신과의사 필리프 피넬은 정신병자를 고통의 굴레에서 극적으로 해방시켰다. 프랑스혁명 기간 중인 1793년, 피넬은 '비세트르 보호소'의 책임자가 되었다. 사람들은 여기에 많은 상상을 더해 이 과정을 정신의학의 창시 신화로 꾸몄다. 마치 피넬의 비세트르 보호소가 최초로 정신병자를 보호한 것처럼 이야기를 만들어냈다. 어쨌든 의사들은 어느 날 갑자기 정신병을 발견했다. 그리고 19세기에 새로운 원리가 붐을 일으켰다. 빌헬름 그리징거는 모든 정신병의 원인을 뇌에 두었다. 즉 정신병은 곧 뇌의 병이었다. 또한 급성 환자를 치료하고 만성 환자를 보호하기 위한 기관들이 생겨났다. 당시 이것은 대단한 진보였다. 신선한 공기와 휴식이 환자에게 좋을 것이라는 생각에 치료 및 보호기관을 도시에서 멀리 떨어진 초원에 세웠다. 그래서 정신병자들은 사회와 접촉하기가 어려웠고 결과적으로 정신장애는 더욱 악화되었다. 말하자면 치료 때문에 병이 더욱 악화된 것이다. 오늘날 우리는 이러한 현상을 '병원시설 병'이라 부른다. 환자들은 늘 주변인이었고 시소처럼 호전과 악화를 반복하며 이상행동을 보였다. 비록 정신병자를 방치하지 않고 위험에서 보호하긴 했지만 그로 인해 새로운 문제가 생겼던 것이다.

그러나 의사들은 계속 전진했다. 독일의 정신과의사 에밀 크레펠린은 약 100년 전에 정신병을 두 개의 진단군으로 분류했다. 잠깐씩 반복해서 나타나는, 치료가 가능한 '조울증/우울증'과 치료가 불가능한 '조기 치매'로 나누었다. 당시에는 조기 치매가 아니라 보다 극적인 용어인 '만성적인 젊은이의 노망'이라 불렸고, 나중에는 오이겐 브로일러에 의해 정신분열증으로 병명이 바뀌었다. 각양각색의 정신병을 이러한 식으로 양분화한 것은 매우 큰 진보였다. 치료가 가능한지를 예상하는 것은 환자와 가족들에게는 매우 중요한 일이었기 때문이다. 새로운 원리의 기본은 어떤 수치나 측정치로 하는 진단이 아니라 상태의 관찰과 분석으로 하는 진단이었다. 에밀 크레펠린의 두 진단 군은 이렇게 보도되었다. "에밀 크레펠린은 정신병동을 회진하며 대담한 시선으로 환자를 살핀 후 두 종류의 진단만 내렸다. '치료할 수 있다.' 또는 '치료할 수 없다.'" 그 후에 쿠르트 슈나이더가 정신분열증을 확신할 수 있는 이른바 '1급 증상'에 대한 정의를 내렸다. 그리고 마침내 독일의 정신의학이 전 세계의 정신병을 세 가지로 세분화하였다. 출혈, 종기 혹은 뇌의 염증을 의미하는 기질적 정신병, 조울증과 정신분열증으로 나뉘는 내인성 정신병, 그리고 노이로제, 중독, 여타 다른 질환처럼 보이는 병적인 인성 변화가 그것이었다. 이 분류에서 보면 뇌가 실질적인 원인이거나(기질적 정신병) 발병 원인이 내부에 있는(내인성 정신병) 질환에 '정신병'이라는 표현을 썼고 반면 정신적 영향으로 발생한 질환에는 '노이로제'라는 표현을 썼다. 정신분석학에서는 특히 해소되지 않은 어린 시절의 갈등을 정신병의 원인으로 강조했다. 그러나 이것은 어디까지나 독일 정신의학의 분류다. 예를 들어 미국은 정신장애진단통계편람DSM을 선택했다. 이로 인해 정신의학 연구의 국제 결과를 비교하기는 힘들었는데, 마침내 세계보건기구가 15년 전에 질병의 국제범주 10개 유형ICD-10 확립을 추진했다. 원인과 진단에 따른 세분화를 포기하고 외적 증상에 집중하여 비슷한 증상들을 하나로 묶은 것이다.

정신과의사에게 진정한 친구가 없는 이유

정신병 진단이나 질병의 범주가 실제로 존재하지 않음은 이제 확실해졌을 것이다. 그러므로 정신분열증은 존재하지 않는다. 우울증도 없다. 중독도 없다. 단지 여러 현상으로 고통받는 인간이 있을 뿐이다. 그러니까 정신병 진단이란 정신과의사가 이러한 고통을 받는 사람을 돕기 위해 만들어낸 용어일 뿐이다. 진단은 올바른 치료를 위한 이정표다. 그러므로 정신분열증 환자도 우울증 환자도 중독 환자도 없다. 단지 급성으로 혹은 만성으로 독특한 현상 아래에서 고통받는 다양하고 특이한 사람들이 있을 뿐이다. 그리고 이들 모두는 제각각 완전히 다른 존재들이다. 범주화에 따른 진단이 진실이기를 바랄 수는 없다. 진단은 현상을 설명하는 묘사일 뿐이다. 독일에서 진단이라는 도구를 참혹하게 악용했던 시대가 있었음을 우리는 결코 잊어서는 안 된다. 당시 진단은 고통받는 사람들을 돕기 위한 수단이었다기보다는 죽음을 불러오는 도구 그 자체였다. 인간을 진단과 동일시하는 것은 철저한 왜곡이다.

　지난 세기 동안 정신의학 이론만 변한 게 아니다. 정신병자를 초원의 요양소에서 사회 속으로 다시 데려오는 변화도 있었다. 대부분의 대형 정신병원들이 사라졌고 만성 정신병자들은 이제 일반 주택에서 살 수 있게 되었다. "주간 입원(잠은 집에서 잔다)보다 통원치료가 우선한다. 종일 입원보다 주간 입원이 우선한다." 이러한 원칙이 통용되면서 병원에 입원하는 환자의 수는 줄었고 이전의 넓고 휑한 강당은 안락한 병실로 바뀌었다. 치료방법에서도 사회적 관계를 중시하고 보다 빨리 치료할 수 있는 현대적 모형이 개발되었다. 예전에는 대부분의 환자들이 여러 해 동안 정신병원에 있었지만 오늘날에는 평균 입원기간이 3주 내지 4주다! 입원 이외에 통원치료를 포함한 여러 다양한 대안들 덕분에 환자들은 사회적 환경에서 소외됨 없이 효과적이고 빠르게 치료를 받을 수 있게 되었다. 정신과 치료의 혜택에서 멀리 떨어져 있으면 환자들은 자신을 도와줄 '현자'를 찾아다녀야 하고 그 과정에서 자신을 보잘것없는 존재로 느끼게 된다. 심지어 치료를 포기하거나 심한 모멸감을 느끼기도 한다. 그래서 독일 정부는 마을마다 정신과의사 한 명씩을 파견한다. 파견된 의사는 환자가 원할 경우 가능한 한 빨리 입원치료에서 통원치료로 전환시켜야 한다. 정신병 환자가 하는 가장 중요한 물음은 바로 "여기서 나가려면 어떻게 해야 하죠? 가능한 한 빨리 나가고 싶어요!"이기 때문이다.

현대 정신의학의 발전은 환자들에게 많은 도움을 주고 있다. 참 다행이다. 그러나 그 뒤에는 위험도 도사리고 있다. 멀쩡한 사람을 정신병자로 진단할 수도 있기 때문이다! 세계보건기구는 매우 비현실적이고 유토피아적인 구식 엉터리 건강 정의에다 '육체적·정신적·사회적 편안함'을 덧붙여 현대의 건강을 정의했다. 세계보건기구가 말하는 건강에 도달할 사람은 당연히 아무도 없다. 게다가 유토피아적 개념은 끝없는 숭배를 낳는다. 그래서 엉터리 '건강 종교'까지 생겨났다. 사람들은 건강하기 위해 열심히 예방한다. 건강 종교는 불행한 삶의 시작이다. 왜냐하면 실제로 도달할 수 없는 경지를 건강이라 정의한다면 결국 모두가 약간씩은 다 아프다고 느낄 것이기 때문이다. 한 누리꾼이 남긴 멋진 말이 생각난다. "건강한 사람은 건강검진을 받지 않은 사람뿐이다!" 또 오스트리아 작가 카를 크라우스는 이렇게 풍자했다. "진단이 병이다. 그리고 이 병이 세상에서 가장 흔하다." 건강 종교의 열광적 숭배는 특히 정신과의사들을 바쁘게 만들고 있다. 정신건강의 유토피아적 이상화는 결국 기계가 물건 찍어내듯 대량으로 불행을 생산해낼 수도 있기 때문이다. 당연히 한두 가지 문제는 누구나 갖기 마련이다. 그래서 "웃는 표정을 보니 마음의 병이 있군요."라는 한마디에 금방 불안해진다. 독일 정신과의사 클라우스 되르너는 전국 일간지를 통해 얼마나 많은 독일인이 정신병치료나 심리치료가 필요한지를 설명했다. 그에 따르면 불안증, 공포, 거식증, 우울증, 정신분열증, 중독, 치매 기타 등등을 앓는 독일인은 수치를 더해보면 210퍼센트가 넘는다!

정신의학계의 이러한 경고성 보도에 사람들의 감정은 복잡해진다. 멀쩡한 사람인데 환자로 계산된 사례가 분명 있을 것이다. 왜냐하면 그 사이 왕국에서 제국으로 커진 정신의학은 정신적인 문제가 있는 사람을 무조건 환자로 취급하고 당장 치료를 받아야 할 사람으로 여기기 때문이다.

보기에 아주 건강해 보이는 사람에게서 병적 손상을 발견해내는 검사방법이 최근에 개발되었다. 학문적으로 본다면 폭넓은 인식과 발전이라는 점에서 희소식일 수 있겠지만 윤리적으로 본다면 건강한 사람을 하루아침에 환자로 만들어버리는 일이다. 그렇기 때문에 확실한 치료법이 있을 때만 이러한 진단이 정당성을 얻는다. 설령 조기 발견에 의미를 둔다 하더라도 마찬가지로 확실한 치료법이 있을 때라야 정당성이 있다. 질병을 바라보는 시각에 특히 주의하면서 이 책을 계속 읽다보면 이 기본적인 원칙에 동의하게 될 것이다.

이 원칙은 정신과의사 개인생활에도 적용된다. 퇴근할 때는 전문지식을 병원에 두고 평범한 일반인으로 병원 문을 나서야 하는데, 그러기는커녕 만나는 사람마다 진단을 내리려고 한다. 이런 정신과의사는 앞으로 친구를 모두 잃게 될지도 모른다. 게다가 진료 신청도 안했는데 함부로 진단하는 정신과의사도 있다. 이는 건강한 사람을 환자 취급하면서 냉소하는 행위이며 인간의 존엄성을 해치는 일이다. 또한 정신의학을 악용하는 것이다.

정신의학의 과제는 진짜 아픈 사람들을 돕는 것이다. 정신과의사는 환자의 변호인이 되어야 한다. 정신병을 골칫거리로 여기고 짜증을 내는 사회를 고객으로 삼아서는 안 된다. 이러한 사회 안에서 정신병자들이 고통받지 않고 함께 살아갈 수 있도록 돕는 데 집중해야 한다. 평범하지 않은 사람과 장애가 있는 사람을 환자로 규정하려는 사회적 압력에 굴복하느냐 마느냐가 정신의학의 자유성을 측정하는 잣대다. 그리고 평범하지 않은 구성원, 튀는 일원들을 자유롭게 내버려두느냐 마느냐가 사회의 자유성을 측정하는 잣대다. 자유로운 사회는 설령 치료가 가능한 환자라도 본인이 원치 않으면 강요하지 않는다. 자기 자신을 포함하여 어느 누구도 해치지 않는다면, 자유로운 사회는 환자 본인의 결정을 존중한다.

평범하지 않은 사람을 판단하는 중요한 기준이 과연 환자이냐 아니냐일까? 이는 수세기가 흘러도 답하기 어려운 물음이며 사실 쓸데없는 물음이다. 환자이냐 아니냐와 상관없이 평범하지 않은 사람은 사회에 영감을 불어넣거나 인류를 도울 수 있다. 그리고 이것이 역사적 인물의 가치를 평가하는 중요한 기준이 된다. 진단을 하는 이유는 오직 치료를 위해서다. 그러므로 불치병 진단은 진정한 진단이라 할 수 없다.

02

Who

사람마다 미치는 원인은 다르다

정신의학의 책임 영역은 매우 좁다. 그리고 질병에서 장점을 발견하는 사람도 많지 않다.

질병에서 장점을 발견한다는 내용에 분명 멈칫했을 것이다. 하지만 이것은 사실이다. 심각한 정신병에서도 좋은 점들을 발견할 수 있다. 오래전에 병을 앓았던 사람들은 나중에 그 시기를 인생의 긍정적인 전환점으로 회상한다. 이들은 질병을 칭송하지는 않는다. 그럴 이유가 전혀 없다. 그러나 질병 덕분에 여러 가지 중요한 것들을 깨달았다고 인정한다. 다소 통속적으로 들리겠지만, 절망에 빠져본 사람은 두 번 다시 준비 없이 절망에 빠지지 않는다. 늘 건강하게 살아온 탓에 건강의 중요성을 모르는 사람과 달리 이들은 감사한 마음으로 더 긍정적으로 삶을 살 것이다. 정신분열 상태에서 환청을 들어본 사람은 더할 나위 없이 삶의 열정을 느낄 것이다. 질병은 분명 고통이다. 그러나 그 고통마저도 인생의 풍부함으로 이해하고 받아들이는 사람들이 있다.

현대 정신병치료와 심리치료가 추구하는 바가 바로 이것이다. 처음 심리치료사를 찾아온 장애인은 자신의 장애만을, 환자는 질병만을, 고통받는 사람은 고통만을 본다. 이때 심리치료사의 과제는 이러한 증상을 없애기 위해 분투하는 것도 중요하지만, 조명과 관점을 전환시켜 환자가 스스로 해결책을 찾도록 해주는 데 있다. 소아 심리치료사 테아 쇤펠터는 이렇게 말한다. "환자는 자신에게 치유 능력이 있음을 모르지만 심리치료사는 환자 자신이 '치유자Healer'임을 안다. 그것이 심리치료사와 환자의 차이점이다." 이러한 관점이라야 병 때문에 흐릿해진 환자의 능력과 힘을 다시 빛나게 할 수 있다. 환자가 병을 이기는 데 쓸 수 있는 힘이 무엇이겠는가? 앞으로 얻을 힘이 아니라 이미 갖고 있는 힘이다.

관점을 바꿀 능력이 없는 상태를 정신의학은 광기로 정의한다. 미치광이는 지배적인 관점 하나만으로 모든 것을 본다. 가령 이웃 아줌마가 레이저광선으로 괴롭힌다는 생각에 갇히면 어떤 합리적인 설명도 소용없다. 그런 면에서 이념주의자들은 미치광이에 가깝다. 이들은 특정 관점으로만 세계를 본다. 정신의학은 이념에 물들기 쉽다. 왜냐하면 정신의학이나 심리학은 오직 하나의 관점으로만 인간을 보려는 경향이 있기 때문이다. 그러나 다행스럽게도 최근에 다양한 관점이 치료의 가능성을 높인다는 통찰을 얻었다. 다양한 인생설계 인정하기, 같은 인생 또는 같은 장애라도 다른 관점에서 보기……. 이러한 통찰은 막다른 골목에 다다른 환자에게 탈출구를 열어준다.

유용한 치료 관점들

정신적 장애뿐 아니라 건강한 정신적 반응도 생물학적 관점에서 볼 수 있다. 인간의 사고는 확실히 뇌의 생물학적 과정과 연결되어 있다. 기쁠 때는 폴짝폴짝 뛰게 하는 물질을 분비하고 슬퍼하면 다른 화학물질을 분비시킨다. 우리의 뇌 안에는 사고의 세계 이외에 분자로 구성된 제2의 세계가 활동한다. 여기서 그 유명한 질문이 제기된다. "달걀이 먼저냐, 닭이 먼저냐." 뇌에서 일어나는 분자들의 유기적 과정이 먼저이고 겉으로 드러나는 물리적 현상은 그 결과에 불과한가? 우리는 뇌의 꼭두각시인가? 아니면 우리가 사고를 통해 분자 반응을 일으키고 그 결과로 증상이 겉으로 드러나는 것인가? 이러한 물음은 학문적으로 확실히 밝힐 수 없다.

또한 굳이 밝힐 필요도 없다. 왜냐하면 모든 정신적 과정을 생물학적 관점으로 볼 수 있다는 것은 논란의 여지가 없기 때문이다. 무엇이 원조이고 무엇이 더 중요한가는 관심거리가 아니다. 결정적인 물음은 개별 사례에 도움이 되느냐이다. 뇌의 손상이나 출혈, 염증, 약물에 의한 중독이라면 당연히 뇌를 공격하는 모든 물질을 고려하는 생물학적 관점이 가장 유용하다. 진단과 치료에서도 역시 생물학적 관점이 필요하다. 물론 환자의 생애나 주변 사람의 반응, 그리고 젊은 시절의 특정 사건들도 질병을 이겨내는 데에 중요한 구실을 한다. 그러나 중심 관점은 여전히 유기체적 손상에 대한 뇌의 생물학적 반응에 있다. 정신분열증, 우울증, 조울증, 그리고 여타 정신병처럼 명확한 유기체적 원인이 없는 경우에도 생물학적 관점에서 치료 방법을 찾을 수 있다.

이제 생물학적 관점은 모든 정신장애의 중심에 섰다. 그리고 이른바 '신경 강화'라는 이름으로 심지어 건강한 사람까지도 생물학적 조종으로 정신 능력을 높이려 한다. 신체기관으로서의 뇌는 어쨌든 생물학적 유전이다. 그러니 모든 정신적 현상을 생물학적 관점에서 볼 수 있다. 다시 말해 생물학적 관점은 모든 정신적 현상을 관찰할 수 있는 절대적 관점이다. 그러나 이러한 식으로 생물학적 관점을 절대적 진리로 여기는 순간부터 학문은 이념이 된다. 생물학적 관점은 진리가 아니다. 그저 어느 정도 유용할 뿐이다.

모든 정신적 현상을 생애의 관점에서도 볼 수 있다. 이를테면 젊은 시절의 특정 사건이 정신장애의 원인일 수 있다. 이 관점은 생물학적 관점과 마찬가지로 매우 타당해 보인다. 그래서 부인하기가 쉽지 않다. 게다가 환자와 가족들의 주요 관점이 바로 이것이다. 우울증의 원인을 가정불화, 직장에서의 갈등, 친구나 이웃과의 다툼으로 본다. 그리고 정신분열증의 원인은 집단 따돌림으로 본다. 지난 몇 주 동안 발생한 일련의 사건 때문에 뇌에 어떤 화학반응이 생겨 뇌가 손상되었고 그 결과 정신병에 걸렸다고 주장한다면 반박하기는 거의 불가능하다. 그렇더라도 생애의 관점은 결코 진리가 아니다. 물론 거짓도 아니다. 그저 이 또한 어느 정도 유용한 치료 관점일 뿐이다.

사례를 하나 들 수도 있다. 심각한 우울증에 자주 걸리는 환자가 있었는데 주요 원인은 유전적 요소였다. 이러한 유형의 우울증은 행복하게 살다가 갑자기 발생한다. 우울증이 발생하기 전까지는 아무 문제 없이 잘 지내던 사람이 어느 날 갑자기 몹시 우울해하고 모든 것에 회의를 느끼는 것이다. 이러한 환자에게는 탈출구도 보이지 않고 어떤 위로도 도움이 되지 않는다. 행복한 생활의 증거들은 우울의 근거로 돌변하며, 사랑하는 가족을 위한 그동안의 헌신은 갑자기 자기학대로 느껴진다. 이러한 환자와 상담을 하다보면 사람이 아니라 뇌 속의 분자와 얘기하는 기분이 든다. 어떤 주장이나 설득도 전혀 통하지 않는다. 이런 경우라면 생물학적 관점이 가장 적합하고 유용하다. 생물학적 관점은 누군가의 '잘못'을 탓하는 오류를 막아준다. 며칠 전에 환자와 다툰 일 때문에 가족이 자책하는 일도 없고 환자 역시 스스로 끔찍한 비난을 할 필요가 없다.

그런데 이때 멀리 사는 친척이 나타나 재를 뿌린다. 별로 왕래가 없던 터라 환자 가족에 대해 아는 게 별로 없을 텐데도 모든 걸 다 아는 듯 우울증의 원인을 늘어놓는다. 환자의 가족들이 너무 냉정해서라며 이것은 세상에서 가장 고약한 손가락질이다. 환자 다음으로 고통을 받는 사람이 바로 환자의 가족들이기 때문이다. 옆에서 뭐라고 하지 않아도 가족들은 이미 절망에 빠져 괴로워하며 죄책감에 시달린다. 그러므로 심리치료사는 모든 걸 동원하여 누구의 잘못 때문에 우울증이 생긴 게 아니라는 것, 아무도 잘못한 사람이 없다는 것을 확실히 설명해야 한다. 그리고 원인은 신진대사에 있으므로 약물치료로 어렵지 않게 완치할 수 있음을 알려야 한다. 물론 어떤 특정사건이 우울증을 유발하거나 악화시킬 수 있다. 이것을 부정하는 것은 아니다. 그러나 이러한 경우 치료에서 가장 유용한 관점은 생물학적 관점이다.

그러나 또 다른 사례가 있다. 아내를 구타한 문제로 심리치료를 받으러 한 부부가 나를 찾아왔다. 남편은 공격성이 뇌의 세로토닌 분비량과 관련이 있다는 걸 어떤 잡지에서 읽었다며 결백한 표정을 지었다. 그러고는 약효가 좋은 알약 몇 개만 먹으면 모든 문제가 간단히 해결되지 않겠냐고 물었다. 이러한 경우 생물학적 관점은 결코 적합하지도 유용하지도 않다. 오른쪽 팔에는 자기 의지로 조종이 가능한 근육이 있다. 그러니 팔이 아내의 얼굴에 닿았다면 그것은 의지에 따른 근육운동이며 그에 대한 책임은 근육의 주인인 남편에게 있다. 세로토닌은 아무 죄가 없다. 이것을 먼저 확실히 설명한 다음 심리치료를 통해 구타를 끝내도록 돕는 동시에 다른 방식의 부부싸움을 연습시켜야 한다. 물론 세로토닌이 공격성을 자극하는 것은 사실이다. 또한 정도가 심할 때는 특정 의약품이 도움이 되기도 한다. 그러나 여전히 생물학적 관점은 이러한 문제에서 유용하지 못하다. 오히려 생애의 관점이 훨씬 도움이 된다. 과거에 잘못된 방향으로 발전한 것은 여러 심리요법으로 다시 올바른 방향으로 돌릴 수 있다. 물론 환자의 의지가 무엇보다 중요하다.

환자들은 대개 원인을 생물학적 관점에서 찾기보다 어린 시절의 불행했던 성장 과정에서 찾으려고 한다. 그리고 안성맞춤으로 프로이드와 그 추종자들의 정신분석학이 제대로 해결되지 않은 어린 시절의 갈등을 고통의 원인으로 보았다. 정신분석치료는 무의식을 지배하는 이러한 갈등을 의식하고 철저히 분석하여 치료하고자 한다. 당연히 모든 정신적 현상을 과거 유년기의 관점에서 이해할 수 있다. 그러나 이러한 관점 역시 진리도 거짓도 아니다. 다른 관점과 마찬가지로 어느 정도 유용할 뿐이다. 그럼에도 불구하고 과거에는 정신분석만이 절대 진리라고 믿는 정신분석학자가 있었다. 당연히 현대 정신분석학자는 이러한 이념주의 태도에 반대한다. 정신분석이 특정 사례에서 도움이 될 수 있지만 만병통치약은 아님을 잘 알고 있기 때문이다. 폭력적인 마초들이 정신분석을 이용하여 유년기를 핑계삼아 두루뭉술하게 자신의 잘못을 덮는 경우를 생각해보라. 상쾌하게 이해되는 상황은 절대 아니다.

1960~1970년대 학생운동이 한창일 때는 사회적 해석이 호황을 누렸다. 사회의 모든 일은 물론 정신병까지도 사회의 책임이었다. 실제로 하이델베르크에는 '사회적 환자 모임'이 있었다. 이들은 자신들이 '시민의 신경안정제'임을 자처하며 사회적 압력에 시달리는 정신병자들을 위해 온몸으로 사회를 거부했다. 그리고 '너희를 망친 것을 망쳐라'는 모토 아래 사회를 공격하고 테러를 일으켰다. 당연히 이러한 관점 역시 일면 타당성이 있다. 그리고 모든 정신 현상을 사회적 영향으로 볼 수도 있다. 인간은 어차피 사회적 동물이기 때문이다. 그래서 심리치료가 직장생활을 좀 더 편안하게 받아들이도록 할 수는 있겠지만 직장에서 받는 스트레스를 뿌리 뽑지는 못한다. 근무 조건을 바꾸어 스트레스를 줄이고 심리치료가 전혀 필요하지 않게 하는 것이 훨씬 중요할 것이다. 이때 사회적 해석이 어느 정도 도움이 된다. 그러므로 하나의 관점에 매이면 안 된다. 개별 사례마다 어느 관점이 적합하고 유용한지 점검해야 한다.

심리학이 모르는 것

생물학적 관점, 생애의 관점, 정신분석과 사회적 해석, 그리고 그 밖의 모든 관점들은 인간의 자유를 배재하고 정신적 현상만을 명시하기 위해 애쓴다. 자유로운 인간이 아닌 오로지 분자, 생애, 어린 시절, 그리고 사회에서 '원인'을 찾는다. 사람들이 심리학에서 기대하는 것 역시 '인간의 어떤 행동에 대한 원인을 밝혀내고 치료 방법을 찾는 것'이므로 이러한 관점들은 지극히 정상이다.

그러나 심리학이 이러한 관점들로 인간의 모든 것을 설명할 수 있다고 주장한다면 그것은 학문의 선을 넘어 이념화된 광기에 속한다. 학문은 인간의 자유를 외면할 수도 없고 자유를 구속할 수도 없다. 구속된 자유는 더 이상 자유가 아니기 때문이다. 자유로운 행동은 표준을 정할 수 없고 미리 규정할 수도 없다.

표준을 정할 수 있다면 자유가 아니다. 인간에게는 자유가 있다고 하지만 실제 우리의 생활은 자유롭지 않다. 인생을 살면서 받은 영향으로 생긴 행동양식이 있다. 이러한 행동양식은 우리가 마음대로 결정한 것이 아니라 저절로 생겼다. 우리는 행동양식을 보고 그 사람을 짐작할 수 있다.

학문하는 사람들은 원인과 결과를 분명하게 연결시키고 싶겠지만 우리는 저절로 작용하는 힘의 영향을 받을 수밖에 없다. 표준 행동양식으로 통제하지 않고 모든 영향, 욕구, 버릇을 그대로 내버려둠으로써 우리는 다르게 행동할 수 있다. 그것이 바로 자유다.

병에는 좋고 나쁨이 없다

이러한 자유에서 얻는 확실한 깨달음이 있다. "인간의 존엄성을 대표하는 자유 역시 모든 정신적 현상을 관찰할 수 있는 하나의 관점이다." 이 또한 어느 정도 적합하고 유용하다. 자유의 관점은 아내를 구타하는 남편에게 자유와 책임을 호소할 것이다. 그러나 불운한 파괴적 우울증에서는 결코 좋은 관점이 아니다.

자유의 반대는 중독이다. 그러나 중독이 완전한 부자유는 아니다. 오늘날 우리는 중독을 제한적 자유의 질병으로 본다. 사실 중독자는 선택의 여지가 없다. 그는 마셔야만 한다. 중독자가 다시 선택의 자유를 갖도록 하는 것이 치료의 목적이다. 그러나 치료를 기대하려면 먼저 환자 안에 자유의 불씨가 남아 있음을 인정해야 한다. 자유의 작은 불씨도 남아 있지 않다면 환자는 치료받기를 결정할 수 없을 것이고 다시 삶의 주인으로 서지 못할 것이기 때문이다.

그러므로 중독을 평생 고칠 수 없는 병으로 여겼던 극히 이념적인 중독 이론은 틀렸다. 이러한 이념이 몇몇 환자를 도왔을지는 모르지만 대부분의 중독자들에게는 마치 중독 대상에게 정복당한 듯한 무력감을 주었다. '중독'을 재앙으로, '재발'을 끔찍한 부패로, '절제력 상실'을 막을 수 없는 결과라고 내면화했다면, 자기 안에서 치료의 힘을 끄집어내라는 말은 때때로 〈매트릭스〉에 나오는 '오라클의 계시'처럼 어렵게 들릴 것이다. 중독자들은 무력한 희생자의 부끄러움만을 경험했기에 치료의 주체자로 서는 일이 쉽지 않다. 그래서 '재발 관리'라는 현대식 표현은 근거가 빈약하다. '재발'이라는 말부터가 '내 힘으로 어쩔 수 없는' 사건이라는 의미를 내포하고 있다. 또한 '재(再)'라는 글자는 '과거에 한 번 있었던 것은 다시 발생하기 마련'이라는 주장을 암시하고 있다. 어느 쪽이든 전혀 유용하지 않은 암시다.

그래서 오늘날에는 '마시기로 결정했다'는 표현을 선호한다. 그리고 과거에는 한 번도 없었던 '돌발적 사건'으로 설명한다. 경우에 따라서는 이 돌발적 사건이 미래를 위한 좋은 열쇠를 가져다주기도 한다. 심리치료사는 언어 사용에 신중해야 한다. 심리치료사의 수술용 메스는 바로 언어이기 때문이다. '스스로 결정하기'는 비교적 중립적인 표현이다. 중독, 절제력 상실, 여타 위협적 요소들을 언급하지 않기 때문에 경솔하게 죄를 묻지 않는다. 무엇보다 '스스로 결정하기'는 중독에도 불구하고 아직 남아 있는 환자의 자유를 상기시킨다. 그리고 마시지 않기로 결정하는 데에 바로 이 자유가 이용된다. 중독자는 한편에는 위협적 중독을, 다른 한편에는 자유를 두고 그 사이에 서 있다. 성공적인 치료의 첫 번째 과제가 자유를 상기시키는 일이다. 중독 쪽에 가깝게 섰는지, 자유 쪽에 가깝게 섰는지, 얼마나 가깝게 섰는지 그것은 외부에서 판단할 수 없다. 그리고 특히 환자가 거부할 수 없어 어쩔 수 없이 마셨는지, 참을 수는 있었지만 괴로운 것보다는 낫기 때문에 스스로 선택해서 마셨는지는 아무도 확언할 수 없다. 그래서 치료사들은 겸손해질 수밖에 없다.

이처럼 자유는 치료에서 중요한 구실을 한다. 자유의 관점에서 본다면 과연 정신병이란 무엇일까? 이른바 '보상신경증'이라 불리는 특이한 병이 있는데, 일종의 꾀병이라 보면 이해가 쉽다. 이들은 일하는 것보다 노는 게 더 좋다. 그래서 목적 달성을 위해 일부러 병에 걸린다. 당연히 이러한 병은 치료 전망이 없다. 왜냐하면 이들에게는 치료받을 의지가 전혀 없기 때문이다. 완전히 일부러 아픈 척하는 게 아닐 수도 있다. 그런데도 우리는 일부러 아픈 척하는지 무의식의 작용으로 정말 아픈지는 정확히 분석하지 않은 채 무조건 싸잡아 '정신적 장애'로 본다. 어쨌거나 자유의 관점은 모든 정신적 상황에서 쓸 수 있고 모든 관점이 그렇듯 자유의 관점도 '어느 정도' 적합할 뿐이다. 흔히들 인생을 일컬어 스스로 빚은 걸작이라 한다. 위대한 예술가만이 걸작을 탄생시키는 게 아니다. 기본적으로 모든 사람들이 인생의 걸작을 만들어낸다. 자신의 행복은 자신이 만든다는 말도 있다. 인생의 걸작이라는 관점에서 본다면 아주 틀린 말도 아니다.

자유롭게 결정한 것은 결코 병이 아니다. 좋은 결정이냐 나쁜 결정이냐의 문제일 뿐이다. 결정은 놀랍도록 좋을 수도 있고 끔찍하게 나쁠 수도 있다. 병에는 좋고 나쁨이 없다. 그리고 좋음을 늘리고 나쁨을 줄이는 심리요법도 없다. 정신병은 좋고 나쁨을 판단하는 인간의 자유를 제한한다. 그리고 환자가 진짜 원하는 말과 행동을 못하게 방해한다. 가능한 한 모든 방법을 동원하여 환자들에게 다시 선택의 자유를 돌려주는 것이 치료사의 과제다.

환자님, 우리 환자님!

어쨌든 모든 관점 중에서 자유의 관점이 가장 중요하다. 자유의 관점은 질병이 아닌 사람을 본다. 모든 위협적인 정신장애 뒤에는 기본적으로 자유로운 존재가 있다. 때때로 장애가 너무 심각하여 자유로운 존재가 밖으로 드러나지 않더라도 자유는 있다. 신비하고 불변인 인간의 존엄성을 바탕으로 하고 인간의 본질적인 정수를 존중하는 '인간친화적인' 정신의학은 환자를 그저 증상의 합으로 보고 인간을 조종하는 정신의학과는 완전히 다르다. 인간적인 정신병치료에서는 환자의 자유가 매우 중요하다. 모든 것을 치료의 관점에서만 봐서는 안 된다. 환자는 자신이 원하는 것을 결정할 수 있어야 한다. 치료 계획을 세울 때는 환자와 가능한 한 충분히 의논하고 함께 결정해야 한다. 작업치료, 예술치료, 음악치료의 효과에 관한 연구는 그리 많지 않다. 그러나 환자가 자신이 받을 치료를 결정하지 않고 치료사가 일방적으로 결정하여 강요된 치료에서는 그 효과가 매우 낮다. 병원에서도 자유는 곧 존엄성인 셈이다.

모든 의학계에서는 '보호자 동의서'를 받는데, 특히 정신의학계에서는 더욱 중요하다. 환자의 선택의 자유가 질병에 따라 제한되기 때문에 엄격한 규칙에 따라 환자에 대해 결정을 내릴 보호자를 정하는 것이다. 그러나 환자의 자유를 강화하는 데에 모든 노력을 기울여야 한다. 왜냐하면 모든 치료의 목표는 환자의 자유로 병의 부자유를 극복하는 것이기 때문이다. 그러므로 치료의 목표를 결정하는 것은 결국 환자여야 하고 치료사들은 그 목표에 협력해야 한다.

　환자가 결정한 목표는 때때로 아주 독특할 수도 있다. 내가 젊었을 때 나는 아주 중요한 경험을 했다. 환청을 듣는 한 젊은 만성 정신분열증 환자가 있었다. 환자는 자신의 환청은 뭔가 도움을 청하는 이상한 내용이었지만 참 듣기 좋은 음성이라고 했다. 환자의 진료기록을 상세히 조사해보니 환청을 없애는 처방을 전혀 하지 않았고 처방을 하지 않은 근거 역시 타당성이 없어 보였다. 나는 환자에게 간단히 설명한 후 약을 처방했다. 다음 진료를 받을 때 환자는 몹시 화가 나 있었다. 도대체 뭐가 잘못된 것일까? 환자의 상태는 이전보다 훨씬 심해져 있었다. 내가 환청이 그쳤는지 물으니 그쳤다고 대답했다. 그런데 바로 그것이 문제가 되었다. 환자는 늘 죽은 선생님의 상냥한 음성을 들었고, 그 선생님의 음성을 들으면서 기분이 좋아졌던 것이다. 그런데 그 음성이 사라져서 몹시 화가 난다는 것이었다. 나는 당혹스러웠다. 나는 환청을 없애는 방법과 그 방법을 정확하고 성공적으로 사용하는 법을 배운 대로 환자에게 적용하여 환청을 없애주었는데, 환자는 감사하기는커녕 오히려 나를 욕했다. 나는 환자의 입장에서 생각해 보았다. 환자에게는 환청이 오히려 힘이 되었다. 선생님의 음성은 그 환자의 세계였고 그 속에서는 마냥 행복했다. 나는 환청이 다시 들릴 때까지 처방약의 양을 줄이기로 결정했다. 얼마 뒤 환자는 만족한 얼굴로 나를 다시 찾아왔다. 이 환자를 경험하면서 나는 많은 것을 배웠다. 대부분의 사람들에게는 환청이 들리는 것이 당연히 힘겹고 싫은 일이다. 하지만 그렇지 않은 사람도 가끔 있다. 이럴 때는 증상을 보지 말고 사람을 봐야 한다. 그리고 사람을 목표와 함께 중심에 둬야 한다. 이것은 내가 얻은 명확한 결과다.

그 후 나는 모든 환자에게 병에 관한 학문적 내용들을 설명하고 어떤 약을 얼마만큼 먹을 것인지 환자 스스로 결정하게 했다. 당연히 윤리적으로 책임질 수 있는 결정만을 받아들였고 환자와의 갈등은 거의 없었다. 당연한 결과였다. 이성적인 인간이 자신을 스스로 해칠 이유는 없지 않은가!

정신의학에서도 현대적 발전이 있어서 이제 '환자'를 치료의 중심에 두는 것은 당연한 일이 되었다. 성직자와의 대화도 정신의학에서 제공할 수 있는 자유다. 성직자와의 대화는 치료를 목적으로 하는 대화가 아니라 인간 대 인간으로 자유롭게 의견을 나누는 대화이기 때문이다.

종교적 관점은 기본적인 모든 관점이 혼합된 종합 관점이다. 그리고 모든 정신적 상황을 신이 내린 운명이나 사탄의 유혹으로 볼 수 있다. 그러나 학문적으로 볼 때 이러한 관점은 확실히 진리가 아니다. 그렇다고 거짓도 아니다. 종교적 관점은 참과 거짓이 아니라 개별 사례에 따라 적합 또는 부적합, 유용 또는 덜 유용한 것이다. 심각한 우울증에 빠진 사람은 병든 상상을 하게 되고 그래서 신으로부터 버림받았다거나 사탄에 빠졌다는 상상을 하게 된다. 이러한 상상을 치료하지 않는 한 환자는 결코 자유로울 수 없다. 종교인이든 무신론자이든 정신과의사는 이러한 상상을 강하게 부정할 것이다. 그러나 환자가 자신의 질병을 신의 시험이나 사탄의 유혹으로 해석하기 시작하면 특별한 경우 종교적 관점이 유용할 수 있다. 정신과의사와 심리치료사가 이러한 방식으로 환자의 종교성을 존중하기만 한다면, 종교적인 환자에게 반드시 종교적인 정신과의사가 필요하지는 않다. 오히려 종교적인 의사는 해가 되는 경우도 있다. 심리치료와 신앙상담 사이의 경계를 무너뜨릴 위험이 있기 때문이다.

　옳고 그름을 따지지 않고 다양한 관점에서 정신적 현상을 볼 수 있음이 종교적 관점의 사례에서 다시 한 번 명확해졌다. 과거에는 생물학적 관점, 정신분석학, 행동치료 등은 옳고 다른 관점은 틀렸다는 논쟁이 많았지만 다행스럽게도 오늘날 이러한 논쟁은 극복되었다. 진단의 목적은 오직 좋은 치료라는 아리스토텔레스의 고대철학이 이념 논쟁을 극복하도록 도왔다. 현대 정신과의사와 심리치료사는 관점을 자유롭게 전환하는 능력을 가져야 한다. 치료사는 가능한 한 많은 치료법을 알아야 한다. 그래야 환자에게 적합하고 치료사 자신에게도 적합한 치료법을 선택할 수 있다.

03

How
정신병원 치료의 센스와 난센스

어떤 치료법이 도움이 될까? 선택의 폭은 넓다. 500개 이상의 치료법이 대기 중이다. 이 방법들을 모두 알아야 할까? 적합한 방법을 찾기 위해 모든 치료법을 점검해야 할까? 심리치료사 숫자와 맞먹는다고 하는 심리치료 방법을 다 점검하는 게 가능하기나 할까? 그러니 우선 중요한 것과 중요하지 않은 것을 구별해야 한다. 과거에는 주로 종교 대체물로 조직된 치료법이나 적군과 아군을 확실히 구별함으로써 명성을 얻은 치료법이 상당히 많았다. 그러나 이제 화약 연기는 사라졌다. 시야가 밝아졌으니 맑은 정신으로 치료법의 장단점을 확인해야 한다. 심리치료는 진리를 가르치는 종교가 아니다. 또한 단순한 일상의 의사소통과도 질적으로 다르다. 그러므로 치료효과의 연구는 당연히 필요하다. 각 치료법의 특징들을 알 수 있을 뿐만 아니라 치료효과를 증명함으로써 심리치료 상담료를 합법적으로 보험혜택에 포함시킬 수 있다. 클라우스 그라베는 1994년에 독일연방정부의 주문을 받아 여러 치료 방법들의 효과를 조사했고 스펙터클한 결과를 발표했다. 클라우스 그라베는 특히 정신분석요법을 비효과적인 치료법으로 지목했다. 그의 연구가 『슈피겔』의 표지를 장식하자 정신분석학자들은 벌떼처럼 들고 일어나 그라베와 그의 연구에 무차별 공격을 퍼부었다. 하지만 정신분석학의 치료효과를 학문적으로 완벽하게 검증한 연구결과가 별로 없는 것은 사실이다. 그리고 그라베의 연구에 의하면 '위대한' 정신분석은 건강한 사람에게만 적합하고 정신분석에 기꺼이 의지하는 신심어린 추종자들에게는 결코 적합하지 않았다.

웃는 표정을 보니 마음에 병이 있군요

정신분석은 오늘날 심리치료에서 호랑이 담배 피우던 시절의 얘기다. 그러나 인정받기 위해 싸웠던 처절한 전투의 흔적은 과거 정신분석의 칼날에 새겨져 오늘날에도 여전하다. 정신분석의 창시자 프로이드는 동시대 사람들을 매력적인 이론으로 유혹했다. 그는 속은 성적 환상에 사로잡혀 부글거리고 겉은 깨지기 쉬운 교양으로 포장되어 우스꽝스럽고 혐오스럽게 뒤틀린 사회에 특이한 정신 현상에 대한 설명으로 무의식의 은

밀한 실체를 공표했다. 프로이드는 당시에 만연했던 여성의 히스테리 역시 무의식으로 설명하려고 애썼다. 이 새로운 방법은 욕구의 세계, 욕구와 관련된 모든 세계의 통찰을 열었다. 프로이드는 "여자아이가 아빠에게, 남자아이가 엄마에게 갖는 유아기의 성적 욕구가 무의식에 작용한다."라는 이론을 학문적으로, 특히 자연과학적으로 제시했다. 이로써 정신분석은 당시 대유행이 되었고 동시에 굳게 닫힌 사회의 문을 열고 성공적으로 입성하였다. 그러나 정신분석은 자연과학이 아니었고 엄격히 말하면 단 한 번도 학문인 적이 없었다. 위르겐 하버마스의 '정신분석학의 과학적 자기착각'이라는 비난은 특히 유명하다. 초기의 정신분석학은 학문이라기보다는 차라리 이념이나 종교집단을 닮았다. 프로이드는 주교들이 하는 행위처럼 가장 아끼는 중요한 제자들에게 반지를 나누어주었다. 아이러니하게도 주교단은 그의 수제자 카를 융을 파면했다. 그리고 프로이드의 글들은 마치 성경처럼 오늘날에도 여전히 숭배되고 있다. 프로이드는 정신분석을 환자에게 이용했을 뿐만 아니라 그것을 학문으로 만들어 신과 세계를 자극했다. 이 모든 것 때문에 정신분석을 추종하는 사람들 중 몇몇 덜 계몽된 사람들이 정신분석을 진리로 이해하고 있다. 그러나 정신분석은 진리가 아니다.

비록 프로이드는 정신 과정을 신경계로, 그러니까 신체적으로 접근해 치료하려 애쓰긴 했지만 그는 환자와의 면담이 특정

조건 아래에서 치료효과를 낼 수 있다는 다소 타당한 학설을 제시했다. 꿈의 분석, 정신분석이라는 소파에서 환자는 허공을 맴도는 말들을 내뱉으며 자유로운 연상으로 실을 엮어 무의식적 요소를 의식적 대화로 이끌고, 분석학자는 내용을 해석한다. 이때 현재의 현상과 해결되지 않은 어린 시절의 갈등 사이의 연상이 중요한 구실을 한다. 그러나 또한 환자와 치료사 사이의 역동적 관계도 중요한 구실을 한다. 환자는 분석가와의 상담에서 자신의 질병을 깊이 통찰하게 되는데 이것이 결정적인 치료 요소가 된다. 정신분석적 혹은 심층심리학적 요법들이 이 과정을 기본으로 한다. 분석적 심리학, 개인심리학, 게슈탈트 치료요법(환자가 자신의 욕구와 감정을 구체적인 행동으로 조직해 자각하게 하는 심리치료-옮긴이), 사이코드라마, 그리고 그 밖의 여러 요법들도 그러하다. 당연히 이 모든 방법도 진리를 전달하지는 않는다. 다른 모든 치료법이 그렇듯 어느 정도 유용할 뿐이다.

질병을 깊이 통찰하게 하는 효과 면에서 볼 때 정신분석용법이 다른 치료법에 비해 효과가 낮은 건 확실했다. 그러나 고리타분한 이념적 정신분석학자들은 아랑곳하지 않았다. 어차피 진리란 효과와 상관없이 영원히 진리였기 때문이다. 그러나 계몽된 정신분석학자들은 정신분석이 가진 위험성을 인식했다. 이들은 과거의 학문적 이론 문제들을 극복했고 정신분석을 인문학으로 새로이 구체적으로 구성했으며 효과에 대한 연구를 시작했다. 그럼에도 불구하고 조상 프로이트와의 감동적인 연결은 여전했다. 정신분석학자 오토 게른베르크는 연구 발표 전에 양손을 하늘 높이 들고 이렇게 말했다. "위대한 프로이드여, 나를 용서하소서!" 가장 두드러진 문제는 정신분석이 오로지 환자의 과거에서 유년기에만 집중한다는 것이다. 이 문제를 얼마나 영리하게 극복하느냐에 따라 정신분석가의 자질이 판단될 수 있다. 과거의 어떤 사건이 지금의 정신장애에 깊이 영향을 끼쳤다는 말은 최악의 경우 치료가 불가능할 수도 있음을 암시한다. 왜냐하면 인간은 자신의 과거에서 완전히 분리될 수 없고, 현재가 분리될 수 없는 과거와 깊이 관련되어 있다면 장애에서도 분리될 수 없기 때문이다. 그러니 장애가 어떻게 저절로 사라지겠는가? 노련하지 못한 치료사가 섣불리 정신분석을 이용하여 현재의 병과 과거를 연결하는 데에 너무 집중하게 되면 자칫 '치료 장애'를 야기할 수도 있다. 말하자면 치료 때문에 장애를 겪는 셈이다.

이러한 방식의 치료를 받았던 한 유명 방송인이 어느 날 나를 찾아왔다. 그는 몇 주에 걸쳐 정신병 검사를 받았는데, 검사를 받는 몇 주 사이에 눈에 띄게 의기소침해졌고 불안감이 커졌다고 한다. 그도 그럴 것이 비밀스런 학문이 사이비 권위를 가지고 그의 정신적 탯줄을 줄곧 의심스럽게 관찰했으니 어찌 불안하지 않았겠는가? 끈질기게 탯줄을 관찰했던 사람에게서 다행스럽게도 마침내 기대했던 정신병 증세가 나타났다! 이제 정말 치료가 필요해졌다. 치료사는 진정한 권위를 가지고 '치료 희생자'에게 아직 남아 있는 능력과 치유의 힘에 스포트라이트를 비춰야 한다. 환자는 내게 아주 짧은 기간 치료를 받았고 다시 건강한 방송인으로 돌아갔다.

우디 앨런Woody Allen 영화의 한결같은 우울한 장면들은 '병을 야기하는 치료법'의 당연한 부작용을 전형적으로 드러낸다. 그의 영화는 자기 자신과 다른 사람에 대한 모든 정신분석학적 해석을 서로 엮어놓는다. 그 덤불 속에서 빠져나갈 길은 전혀 없어 보인다. 정신분석학자가 이걸 보면 뭐라고 할까? 물론 우디 앨런의 블랙코미디는 정신분석의 대중화에 대한 촌철살인의 풍자다. 그림분석가의 확신에 찬 설명에 의하면, 그림을 통해 구강기 성격인지 항문기 성격인지 확실히 알 수 있다고 한다. 구강기(출생 후 1년)에 고무젖꼭지를 너무 일찍, 너무 늦게 혹은 너무 오랫동안 물고 있었다면 당연한 결과로 '구강기 성격'이 형성되고 그로 인해 중독이나 다른 심각한 장애를 겪는다. 그 뒤로 이어지는 항문기에 배변 훈련을 너무 일찍, 너무 늦게 혹은 전혀 하지 않았다면 당연한 결과로 '항문기 성격'이 형성되어 공격적이고 사기성이 짙어 직업에까지 영향을 준다. 이것은 정신분석에 대한 우스갯소리 수준의 오해이지만 솔직히 이러한 일이 결코 드물지 않다.

그러나 중요한 것은 어떤 치료법을 사용하느냐가 아니다. 정신분석 치료가 좋은 효과를 내느냐 나쁜 효과를 내느냐, 얼마나 빨리 효과를 내느냐 얼마나 오래 걸리느냐는 어떤 상황에서든 전적으로 치료사에게 달렸다. 높이 평가할 만한 훌륭한 정신분석학자들도 많다. 이들은 정신분석의 여러 막다른 길에서 벗어났고 현대 학문적 반석 위에 섰으며 매우 성공적으로 치료를 한다. 당연히 치료사 이외에 환자 자신과 정신장애의 종류도 정신분석 치료의 성공 여부를 좌우한다. 그렇기 때문에 치료사와 환자가 치료법을 결정할 수 있는 예비 면담이 필요하다. 애석하게도 우리는 아직 어떤 환자와 어떤 치료사가 가장 잘 맞고 어떤 장애와 어떤 치료요법이 가장 효율적일지 정확히 제시하지 못한다. 만약 어떤 사람이 반복적으로 같은 정신적 장애를 겪고 이것이 과거의 어떤 사건과 관련이 있다면, 정신분석요법이 좋은 방법일 수 있다. 단 치료사가 현대적인 정신분석가라야 한다. 다시 말해 정신분석은 몇몇 사례에서 유용하고 그 밖의 사례에서는 큰 효과를 발휘하지 않는다. 정신분석요법은 지루할 정도로 오래 걸리고 비용도 많이 든다. 게다가 어떤 정신병에는 오히려 해를 끼칠 수도 있다. 정신분열증과 우울증 같은 몇몇 뚜렷한 정신장애는 옛날 방식의 정신분석으로는 치료가 불가능하며 심지어 해가 될 수 있다.

공포증을 빨리 없애는 방법

정신분석의 최대 적수는 행동치료였고 지금도 그렇다. 행동치료는 정신분석과 달리 미스터리하고 불길한 예감을 주입하지 않는다. 명확한 자의식을 강조한다. 행동치료는 말로만 하지 않는다. 아니 그냥 말만 하도록 내버려두지 않는다. 환자가 뭔가를 해야 한다. 만약 전망대에서 공포에 질려 아래를 내려다보는 사람과 확신에 찬 눈빛으로 그 옆에 선 사람을 만난다면, 아마도 그들은 고소공포증 환자와 '노출' 현장에 동행한 행동치료사일 것이다. 환자는 치료사와 함께 아주 오랫동안 결코 하지 않았던 어떤 행동을 한다. 공포증 환자들은 공포감을 주는 상황에 가지 않으며 갈 엄두도 내지 못한다. 고소공포증이 있는 사람은 송신탑 밑에도 가지 않고 엘리베이터공포증이 있는 사람은 엘리베이터를 타지 않으며 광장공포증이 있는 사람은 넓은 장소에는 절대로 가지 않는다. 그러나 공포감은 해가 갈수록 점점 더 커지고 마침내 정상적인 삶을 방해한다. 의지할 만한 사람과 동행하여 공포감을 주는 상황을 접해보는 행동치료요법은 무엇이든 반복하다보면 언젠가는 익숙해지는 정신적 특징을 이용한다. 공포에 질려 전망대에 올랐던 겁쟁이는 몇 분 후에 내려와 오랫동안 상상조차 못했던 상황을 처음으로 다소 견딜 만하다고 느낀다. 이러한 식으로 고소공포증은 차츰 사라질 수 있다. 다른 공포증도 마찬가지다.

행동치료는 증상 뒤에 숨어 있을지도 모를 역동에는 관심이 없다. 겉으로 드러난 행동, 즉 증상 자체만 보고 그 증상을 없애는 방법에만 관심을 둔다. 병적 행동이 살아온 과정에서 학습되었다고 여기기 때문에 배운 것을 다시 잊어버리게 함으로써 치료한다. 행동치료는 학문적으로도 검증된 요법으로, 가능한 한 증상을 빨리 없애고 재발을 막는 데 집중한다. 환자들이 바라는 것도 당연히 그것이다. 그러나 정신분석은 행동치료를 '피상적이고 깊이가 부족한 요법'이라며 비평한다. 하지만 연구결과에 의하면 행동치료는 전체적으로 지속적인 효과를 냈다.

현대 행동치료는 증상 집중치료라는 비평과 첨예한 논쟁을 피하기 위해 정신분석이 그랬던 것처럼 학문화에 힘썼다. 행동치료의 학문화는 기껏해야 행동치료를 학문으로 세계에 알린 것이 고작이었다. 치료사들이 어느 정도 표준으로 인정하는 여러 장애들을 행동치료로 고칠 수 있다고 설명하는 책들은 그동안 많이 출판되었다. 그러나 행동치료로 고칠 수 없는 장애들도 많다.

어떻게 그렇게 오랫동안 견뎌냈습니까?

정신분석은 무의식 분석으로 병을 치료하려고 애쓰고, 행동치료는 개별 증상을 치료하려고 애쓴다. 그러나 인간은 사회적 존재다. 그래서 미국과 이탈리아의 공동작품인 '전략적 가족치료'는 환자의 사회적 관계를 중심에 두었다. 밀라노 출신 정신분석학자 마라 셀비니 파라졸리는 거식증 소녀를 치료하게 되었다. 거식증은 치료하기가 가장 어렵고 치명적인 결과를 가져오는 매우 끔찍한 질병이다. 젊은 여성이 거식증에 걸리면 그중 20퍼센트가 결국에는 목숨을 잃는다. 파라졸리는 고전적인 정신분석학적 개별 치료를 시작했으나 필사적인 치료 노력에도 불구하고 전혀 차도가 보이지 않아 절망할 수밖에 없었다. 그래서 파라졸리는 가족관계로 눈을 돌려 정신분석 이외의 다른 요법들을 선택적으로 이용하기 시작했다. 그리고 결국에는 치료에 성공했다.

만약 사춘기 소녀가 거식증에 걸렸다면, 대부분은 부모의 이혼 같은 가족관계의 위기와 관련이 있다. 부모는 이혼 직전이고 사춘기의 딸은 2차 성징을 겪는다. 부모의 갈등을 감지한 소녀는 살이 빠지기 시작한다. 부모는 자꾸 말라가는 딸을 걱정하기 시작한다. 눈치 빠른 딸은 점점 적게 먹고 미친 듯이 운동을 하며 몰래 먹은 걸 토해낸다. 그래서 계속 살이 더 빠진다. 살이 빠지는 만큼 부모의 걱정은 늘어난다. 부모는 뼈만 남은 듯 앙상해진 자식을 돕기 위해 자신들의 문제는 제쳐두고 필사적으로 딸에게만 관심을 보인다. 그리고 정신분석요법이 소녀를 치료하기 시작한다. 어떻게 해야 소녀를 거식증에서 구해낼 수 있을까? 소녀는 다시 살이 찔까 두렵다. 왜냐하면 자기가 다시 건강해지면 부모가 이혼을 준비할 것이 확실하기 때문이다. 그러므로 소녀는 이 끔찍한 질병이 필요하고 그래서 치료는 더욱 힘들다. 이때 가족관계로 시선을 돌리지 않는다면 치료는 실패할 수밖에 없다. 다행히 파라졸리는 부모에게로 눈을 돌렸고 결국 치료에 성공할 수 있었다. 그녀는 소녀가 다시 살이 쪄도 부모가 이혼하지 않을 것이고 설령 부모가 이혼을 한다 해도 소녀에게 힘든 일은 전혀 없을 것이라고 설득했다. 소녀는 진심으로 그것을 납득했고 비로소 다시 살이 찌도록 자신을 허락했다.

그 사이 전략적 가족치료는 사회적 환경과 강하게 연결된 치료법도 개발했다. 전체를 생각하는 이 새로운 사고는 심리치료에 혁신적이고 혁명적인 영향을 끼쳤다. 밀라노의 사건과 상관없이 전략적 가족치료법은 이미 1940년대에 캘리포니아의 팰러 앨토Palo Alto에서 개발되었다. 이 치료법을 개발한 사람은 그레고리 베이트슨Gregory Bateson과 『불행 지침서』를 쓴 폴 바츨라빅이다. 팰러 앨토 학파라 불리는 이들은 거식증, 정신분열증, 우울증 등을 전형적인 특정 질병으로 해석하는 것을 그만두었다. 폴 바츨라빅은 "현실은 얼마나 현실적인가?"라고 도발적으로 물었다. 전략적 가족치료는 심리치료 분야에 완전히 새로운 현실감각을 제공했다. 그렇기 때문에 비록 가족이 중요한 여러 자극을 준다 하더라도 전략적 가족치료를 가족치료와 동의어로 생각해서는 안 된다. 가족치료는 기본적으로 모든 치료 유형에서 이용될 수 있다. 바츨라빅은 전략적 가족치료 관점에 따라 우울증을 환자의 관점에서, 가족의 관점에서, 치료사의 관점에서, 그리고 여타 다양한 관점에서 관찰하였다. 시간이 지남에 따라 우울증은 새로운 면

모를 보이기도 했다. 그러나 치료를 위해서는 여러 관점 중 가장 유용한 관점을 찾아내야 했다. 이때 문득 질병 안에서 의미를 발견할 수는 없을까, 그리고 질병을 문제로만 보지 않고 그 안에서 힘의 원천을 찾아낼 수는 없을까 하는 생각이 들었다. 폴 바츨라빅은 "불행 중 다행인 것은 무엇일까?"라고 스스로에게 물었다. 그러고는 답을 찾았다. 그것은 '관점의 전환과 예상을 뒤집는 접근 방식'이었다. 환자를 평범한 사람과 달리 보이게 했던, 이른바 '정신이 나간 상황'을 '독특한 상황'으로 달리 보았던 것이다. 전략적 가족치료는 마치 종교 예식처럼 유용하지도 않고 고통스럽기까지 했던 경직된 심리 치료 체계에 새로운 도약을 가져왔다.

"왜 우울한가요?" 우울증 환자에게 이렇게 묻는 것은 치료에 아무런 도움이 되지 않는다. 이러한 물음은 이미 오래전에 환자가 스스로에게 헛되이 여러 번 물었을 내용이다. 그러므로 또 다른 누군가에게 45분 동안 자기 생애의 모든 고뇌를 설명해야 한다면, 확언하건대 좋아지기는커녕 더 우울해질 것이다. 그리고 자신을 우울하게 하는 고뇌들이 얼마나 많은지 새삼스럽게 더 확실히 느낄 것이다. 그래서 전략적 가족치료는 완전히 다른 질문을 한다. "어떻게 그렇게 오랫동안 우울증을 견뎌냈습니까?" 이러한 물음을 받은 환자는 앞의 물음을 받았을 때와는 전혀 다른 이야기를 들려줄 것이다. 예를 들어 예전만큼은 아니지만 어쨌든 가끔씩 그림을 그리기도 했고 때때로 산책도 나갔으며 친구들을 방문했다고 대답할 것이다. 그러니까 이러한 예상을 뒤집는 물음에 환자는 우울함 속에서도 자신을 여전히 굳건히 지탱해주는 힘에 대해 설명할 것이다. 환자의 힘이 아니라면 도대체 어떤 힘으로 우리가 심리치료를 할 수 있겠는가? 환자의 힘과 관련된 것, 치료에 도움이 되는 것들을 애정을 갖고 모으는 것, 이것이 바로 폴 바츨라빅이 창시한 '자원지향의 관점'에 따른 심리치료다. 심리치료 상담에서 환자가 가진 힘의 원천을 찾기보다 질병의 원인과 결과에 대해 많이 이야기할수록 환자의 무력함은 더욱 강화된다. 치료사는 환자의 눈을 자기 자신의 고유한 힘으로 다시 돌려놓아야 한다. 왜냐하면 생각과 언어가 '현실現實'을 만들기 때문이다. 현실이라는 말의 의미대로 '열매가 드러난다'. 그러므로 환자와 '우울증'에 대해 자꾸 얘기하는 것은 유용하지 않다. 전략적 가족치료사는 진단과 증상을 영원한 진리로 여기지 않는다. 이들은 경직된 개념을 버리고 환자가 가졌던 혹은 아직 갖고 있는 창의적인 해결책에 관심을 둔다. 폴 바츨라빅은 우리 병원에서 열렸던 심포지엄에서 장난스럽게 말했다. "진단은 보험료 청구 때나 필요합니다."

스티브 드 세이저의 '기적의 질문'

미국 심리치료사 스티브 드 세이저는 전략적 가족치료를 꾸준히 발전시켜, 문제에서 눈을 완전히 돌려 오직 해결책에만 집중하는 해결중심치료를 개발했다. 이 치료법은 치료기간을 단축하고 효과적인 해결책을 찾도록 돕는다. 스티브 드 세이저는 20세기 최고 심리치료사 밀턴 에릭슨Milton Erickson을 따랐다. 에릭슨은 장애인이었다. 그는 휠체어에 앉아 있었기 때문에 사람들을 더 자세히 관찰하게 되었다. 그가 개발한 치료법은 최면요법이라는 모호한 표현 외에는 달리 표현할 방법이 없다. 에릭슨은 해결책에 가장 잘 맞는 언어의 효과, 즉 어휘 선택, 음색, 몸짓 등의 효과를 이용했다. 이때 최면은 엉터리 장난이 아니라 좋은 긴장해소법이다. 마인드컨트롤 훈련 때처럼 긴장해소를 위해 환자가 직접 어떤 말을 되뇌지 않고 그 임무를 치료사에게 넘기는 것이다.

밀턴 에릭슨의 치료 사례는 전설처럼 전해지고 있다. 어느 날 한 젊은 여인이 그에게 와서 전 재산이라며 돈다발을 책상에 올려놓았다. 그녀는 그 돈으로 심리치료를 받고 싶다고 하면서 만약 치료에 실패하면 자살할 생각이라고 했다. 일반적으로 이러한 의뢰는 누구나 거절하고 싶어한다. 자살이라는 다모클레스의 검(다모클레스가 디오니시우스 1세의 행복을 찬양하는 아첨을 하자 디오니시우스 1세는 화려한 잔치에 그를 초대했다. 그러고는 말총 한 올에 칼을 매달고 그 아래에 다모클레스를 앉히고 권력자의 운명이 얼마나 위험한지를 보여주었다 – 옮긴이) 아래에서 환자를 치료하고 싶은 사람이 어디 있겠는가? 그러나 사람을 알아보는 능력이 남달랐던 에릭슨은 치료를 맡았다. 그 여인은 인간관계의 문제로 힘들어했다. 얼마 전에는 남자친구와도 헤어졌다고 말했다. 그녀 스스로 생각하기에도 자신이 앞니 사이에 벌어진 틈 때문에 인상이 나빠 보이고 심지어 험상궂어 보인다고 했다. 직장 동료들은 그녀에게 전혀 관심이 없었고 어떤 동료는 그녀를 마치 없는 사람처럼 취급했으며 지금까지 한 번도 그녀에게 인사를 하지 않았다. 그녀의 말을 다 듣고 에릭슨은 여인을 데리고 마당으로 나갔다. 마당에는 우물이 있었다. 에릭슨은 우물에서 물을 퍼 올려 입 안 가득 물을 머금은 다음 앞니의 벌어진 틈새로 물을 뱉어 지정한 자리에 뿌려보라고 요청했다. 젊은 여인은 시키는 대로 했다.

처음엔 잘 안 되었지만 여러 번의 연습 끝에 마침내 매우 능숙하고 완벽한 솜씨로 표적을 맞추었다. 앞니의 틈새로 물을 뱉어 꽤 먼 곳의 표적을 정확히 맞추자 에릭슨은 그녀에게 두 번째 지시를 내렸다. 이제 그녀는 사무실 동료가 보는 앞에서 아무 말도 하지 않고 앞니 틈새로 물을 뱉은 다음 재빨리 사무실을 나와야 했다. 과제가 좀 이상하다는 생각이 들었지만 밑져야 본전이었다. 그녀는 에릭슨이 시키는 대로 했고 처음으로 동료와 대화가 이루어졌다. 그 뒤로 둘은 더 자주 대화를 했고 마침내는 개인적으로 만나기도 했다. 그리고 점점 더 자주 만났다. 치료는 이미 오래전에 끝이 났다. 여러 해가 흐른 뒤 에릭슨은 사진이 동봉된 편지 한 통을 받았다. 아이 넷과 함께 찍은 행복한 가족사진이었다. 모두들 행복하게 웃고 있는 사진 아래에는 이렇게 적혀 있었다. "보시다시피 네 아이 중 셋이나 틈새의 축복을 받았답니다!" 에릭슨은 이렇게 기발한 방식으로 환자를 속박에서 해방시켰다. 자살의 원인이 될 뻔했던 앞니 사이의 벌어진 틈을 오히려 축복으로 여기게 했다.

해결중심치료는 특히 중독증 환자에게 유용했다. 중독증 환자들과 주변 사람들은 중독증에만 집중한다. 그래서 이들은 치료사가 무엇 때문에 중독이 되었는지 물을 거라 예상한다. 이때 치료사가 첫 질문으로 "재발을 막을 좋은 방법이 무엇이겠냐?"라고 물으면 이들은 깜짝 놀란다. 그리고 술에 취해 있는 기간에는 전혀 관심이 없고 금주기간에만 관심이 있다는 치료사의 말을 어리둥절해하며 듣는다. 금주에 성공했던 기간에 집중할수록 이들은 금주 성공을 위해 발휘했던 자신의 능력을 더 많이 상기한다. 이들의 자아상은 다시 긍정적으로 바뀐다. 이것만으로도 성공의 가능성은 높아진다. 이처럼 어떤 질문으로 치료를 시작하느냐가 이미 치료의 절반이다. 문제의 원인 주변만 맴도는 사람은 계속 실패하는 자신만 보게 된다. 이것은 원인 발견에는 도움이 될지 모르지만 문제를 해결하는 데는 전혀 도움이 되지 않는다.

"해결책과 문제는 별개다." 스티브 드 세이저는 우리 병원에서 열린 첫 번째 세미나에서 이러한 말로 우리를 놀라게 했다. 특히 관련된 연구결과는 심지어 충격적이기까지 했다. 밀워키 연구소는 치료사례들을 분석했는데, 치료를 받으러 온 환자들의 문제와 치료 끝에 찾아낸 해결책을 정확히 조사하여 문제와 해결책을 연결하려 애썼다. 그러나 둘 사이에서 아무런 관계도 찾지 못했다. 솔직히 믿기 어려운 결과였다. 문제를 해결하려면 먼저 문제를 알아야 하는 게 아닌가! 그런데 좀 더 깊이 생각해보면 바로 그것이 잘못된 생각이다. 문제는 어떤 식으로든 외부에서 온 삶의 사건이다. 그러나 어떤 사례에서든 해결책은 저마다 다른 특별한 내부의 능력에서 나와야 한다. 만약 어떤 사람이 음악을 통해 스트레스를 풀 수 있다면 그는 이러한 능력을 개인생활, 직장생활, 사회생활 등에서 겪는 여러 문제를 해결하는 데에 쓸 수 있다. 한편 음악이 전혀 도움이 안 되는 사람들도 있다. 그러나 이들은 다른 능력으로 문제들을 풀 수 있다.

그렇기 때문에 "내가 당신이라면……." 식의 조언은 쓸모없다. 해결책은 사람마다 모두 다른 개인의 힘에서 나온다. 치료사가 할 일은 스포트라이트를 이러한 힘에 비추는 것이다. 문제에 초점을 맞추게 되면 세상이 제공했을 끝없는 불운이 자신을 덮칠 뿐이다. 문제는 우리 외부에 있고 우리가 영향을 미칠 수도 없으며 예상도 불가능하다. 그러므로 불필요하게 문제에 시간을 허비해서는 안 된다. "불운은 그냥 생긴다." 이 명제는 스티브 드 세이저가 학술적으로 증명한 규정으로 특히 루드비히 비트겐슈타인의 언어철학과 연결된다. 스티브 드 세이저의 단기치료를 접한 후부터 나는 '정신적으로 굶주린 사람들을 위한 미국식 패스트푸드'일 거라는 편견을 버렸다. 단기치료는 이론적으로 매우 탄탄한 기반을 가졌을 뿐 아니라 환자가 증상을 빨리, 그리고 영원히 없애버리는 놀라운 결과를 가져왔다.

어느 날 한 여성이 스티브 드 세이저를 찾아왔다. 그녀는 자신에게 문제가 있기는 한데 너무 창피해서 말할 수가 없다고 했다. 일반적으로 이러한 상황이면 치료를 시작할 수도 없고 그날로 끝이기 십상이다. 그러나 드 세이저는 달랐다. 그는 '문제가 무엇인지 모르는 환자'까지도 모두 받아들였다. 어쨌든 그들은 뭔가 바라는 것이 있어서 치료사를 찾아왔을 것이기 때문이다. 어떻게 도울지를 발견해내는 것은 환자의 몫이 아니라 치료사의 과제라는 것이 그의 생각이었다. 이 사례에서 과제는 명확했다. '문제를 모르는 상태에서 해결책 찾기.' 드 세이저는 환자의 상황을 존중했고 스펙트럼 질문을 마련했다. "0에서 10까지의 스펙트럼이 있다고 가정해보세요. 0은 너무 심각해서 그보다 더 나쁠 수는 없는 상황이에요. 10은 문제가 완전히 해결된 상태예요. 현재 당신은 어느 지점에 있나요?" 환자는 2라고 했다. 드 세이저는 계속해서 물었다. "어떻게 0에서 2까지 올 수 있었죠? 0이 아니라 2라고 말할 수 있는 이유는 무엇인가요?"

드 세이저는 그녀에게 대답하고 싶지 않으면 대답을 상상으로 떠올리라고 요청했다. 환자는 그렇게 했다. 그녀가 상상으로 대답을 마쳤을 때 드 세이저는 다음 질문을 했다. "과거에 아주 짧게라도 3이나 4였던 적이 있었다면 언제였나요?" 환자는 지금보다 조금 더 나았던 때를 머릿속으로 상상했다. 몇 가지 질문을 더 한 다음 드 세이저는 첫 면담을 마치며 환자에게 과제를 내주었다. "3주 후에 있을 다음 면담까지 당신의 인생에서, 그리고 당신의 행동에서 바뀌지 말아야 할 것을 상상해보세요."

무엇을 바꾸고 싶은가가 아니라 무엇을 바꾸고 싶지 않은지를 상상하라고? 환자 자신은 물론 다른 사람들도 그동안 늘 바꾸고 싶은 것에만 집중했고 문제가 무엇인지에만 스포트라이트를 비췄다. 그러나 드 세이저의 '첫 번째 과제'는 환자가 잃어버렸던 혹은 병에 가려 보지 못했던 능력에 시선을 뒀다. 환자가 바꾸고 싶지 않은 것에 대해 다음 면담에서 정말 다룰 것인가는 중요하지 않다. 중요한 것은 다음 면담 때까지 환자가 매우 유용한 것에 관심을 두게 된다는 사실이고 그것은 확실히 효과가 있었다. 두 번째 면담에서 드 세이저는 그 유명한 '기적의 질문'을 했다. "기적이 일어났다고 상상해보세요. 갑자기 문제가 완전히 해결되었다고요. 당신이 잠든 사이에 기적이 일어났기 때문에 아침에 눈을 뜬 순간에는 기적이 일어났는지도 모릅니다. 기적이 일어났다는 걸 언제 어떻게 알게 될까요?" 이때 "좋아졌으니까요."라는 아주 일반적인 대답이 나오면 "좋아졌는지 어떻게 아셨죠?"라는 구체적인 질문을 계속 해나간다.

그리고 기적이 일어났음을 누가 제일 먼저 알아차릴 것 같은지 혹은 기적이 일어난 후의 상황 등을 물어 좀 더 명확하고 구체적으로 대답하게 한다. 명확하고 구체적인 묘사는 목표를 현실적으로 만들어준다. '기적의 질문'이 갖는 최고 매력은 환자 자신이 치료 목표를 묘사한다는 것이다. 어떤 사람은 아침에 일찍 일어나 식사를 준비하고 신문을 가져오는 것이라고 대답할 테고 또 어떤 사람은 정반대로 느긋하게 늦잠을 자는 것이라고 대답할 것이다. 기적이 일어난 후의 상황에 대해 많이 얘기할수록 당연히 해결책의 그림은 더욱 선명해진다. 그리고 환자는 문제보다는 치료의 원동력인 해결책을 더 많이 얘기하게 된다.

다시 사례로 돌아가면, 드 세이저는 환자와 몇 차례 더 면담을 했고 여러 질문들을 했다. 물론 대답은 환자가 머릿속 상상으로 했다. 환자는 차도를 보였고 면담에도 의욕적으로 동참했다. 마침내 그녀는 스펙트럼 8에 도달했고 그 정도면 충분하다며 치료를 끝내고 싶다고 말했다. 몇 달 후에 드 세이저 앞으로 휴가지에서 보낸 우편엽서가 도착했다. 그녀가 감사를 전하는 엽서였는데 맨 끝에 이렇게 적혀 있었다. "저는 지금 12에 있어요!" 드 세이저는 그녀가 도대체 무슨 문제를 안고 있었는지 전혀 몰랐지만 가장 성공적으로 해결책을 찾았다.

몇몇 치료법에만 의존하거나 내키는 대로 아무 치료법이나 선택해서 사용하는 일을 끝내기 위해서는 여러 치료법들을 좀 더 상세히 조사해야 한다. 칼 로저스Carl Rogers의 상담심리치료는 검증된 한 방법이다. 상담치료에서 치료사는 분석을 삼가하고 환자가 편안한 분위기에서 자기 자신을 만나도록 내버려둔다. 심리치료는 최근 100년 동안 그야말로 장족의 발전을 했다. 어느 치료법이 옳은가를 두고 다투던 전투의 시대는 끝났고 상호 존중하는 관계가 형성되었다. 자신의 치료법에 다른 이론을 접목시키기도 하고 유용한 치료법을 통합시키기도 하며 치료법에 대한 근본적인 의문을 제기하기도 한다. 심리치료는 고통받는 환자와 방법을 알려주는 치료사 사이의 인위적 관계이고, 특정 목표를 위해 상담시간을 돈으로 계산하는 일시적인 관계라야 끝이 명확한 프로젝트다. 끝이 명확하다는 것은 한계가 있다는 뜻이기도 하다. 그리고 심리치료의 성공에는 언제나 한계가 있다.

심리치료는 행복을 주거나 삶의 의미를 주지 못한다. 또한 문제가 있는 사람을 완벽한 사람으로 개조하지도 못한다. 심리치료사는 일반인보다 더 지혜롭지도 않고 삶의 경험이 더 풍부하지도 않다. 게다가 심리치료의 상담은 언제나 제2의 의사소통일 뿐이다. 상담은 늘 인위적이고 설령 인위적으로 잘 마련되어 있어도 결코 제1의 의사소통이 될 수 없다. 제1의 의사소통은 정신분열증 환자나 우울증 환자들이 정육점 주인, 제과점 주인, 판매원 등 말하자면 평범한 사람들과 나누는 대화다. 일시적으로 정신적 장애가 너무 심해 평범한 사람들과 소통하기가 힘들 때만 심리치료사가 개입해야 한다. 당연히 제1의 의사소통이 다시 가능해지면 심리치료사는 즉시 물러나야 한다. 그러므로 가능한 한 짧게 심리치료를 받는 것이 모든 치료의 목표다. 왜냐하면 치료는 치료일 뿐 결코 생활이 아니기 때문이다. 치료는 가능한 한 빨리 일상생활로 돌아가게 하는 것이다.

제대로 된 심리치료의 특징은 겸손이다. 심리치료는 다양한 치료 방법 중 하나일 뿐이다. 언제나 도움이 되는 건 아님을 인정하고 절대 환자에게 피해가 가지 않도록 늘 신중하게 선택해야 하는 치료법이다. "효능이 있는 약이라도 부작용은 늘 있기 마련이다." 이러한 약리학적 규범은 심리치료에도 적용된다. 정신분석가 크리스티안 라이머는 심리치료 기간을 무한정 늘려 환자를 악용한 충격적인 사례들을 찾아냈다. 사실 이에 대해 언급하는 것은 오래전에 금기시되었다. 라이머는 한 치료사가 환자에게 보낸 편지를 인용했는데, 10년 넘게 치료를 했지만 차도가 없어 (너무나 당연히) 치료를 그만둔 환자에게 화를 내는 내용이었다. 치료사의 이러한 나르시시즘은 치료에 오히려 해가 될 수 있다. 환자를 도울 사람은 자기뿐이고 환자가 모든 것을 자기에게 걸어야 한다고 믿는 치료사는 환자를 자유로 이끌지 못하고 속박과 구속으로 이끈다. 스티브 드 세이저는 치료사로부터 가능한 한 빨리 벗어나는 것도 해결중심치료에 포함시켜야 한다고 강조했다. 그의 상담실 문에는 이러한 글귀가 적혀 있다. "단기치료는 환자에게 유용하다. 그러나 실력 없는 치료사에게는 유용하지 못하다."

고칠 수 있는 병인가요?

최근에 독일 정신의학 전문가들을 대상으로 정신분열증 환자에게 가장 적합한 치료는 무엇인지 설문조사를 했다. 1번 약물치료, 2번 약물치료와 심리치료의 병행, 3번 심리치료 중에서 선택하는 설문이었는데 대부분 3번이라고 답했다. 그러나 이것은 정신과의사들의 잘못된 편견이다. 정신병 약에 대한 이러한 이상한 편견은 도대체 어디서 온 걸까?

실제로 정신병 약에 문제가 있어서 이러한 편견이 생긴 건 아니다. 왜냐하면 심리치료 분야에서조차도 요즘에는 약물치료를 추천하기 때문이다. 어떤 정신병은 약물 처방이 반드시 필요하고 심지어 정신분열증과 심각한 우울증 같은 몇몇 특정 질병에는 약물치료가 큰 치료효과를 보인다. 그러나 많은 사람들이 비극적 부작용을 걱정한다. 치료사는 가벼운 주의사항으로 '약에 중독되지 않도록 조심하라'고 이르지만 이 말에 대부분의 환자들은 불안해져서 약을 먹지 않는다. 그래서 다시 병에 걸리고 결국 자살을 하고 만다. 정신병 약에 대한 계몽이 절실한 상황이다.

정신의학에 막 입문했을 때, 나 역시 처음에는 약물치료에 대해 회의적이었다. 당뇨, 심장병 혹은 그 밖의 신체적 질병에 대한 약은 전혀 문제가 안 되었다. 몸에 병이 생기면 우리는 약이 필요하다. 병든 몸은 필요한 물질을 충분히 생산해내지 못하므로 약으로 부족한 물질을 채워야 한다. 또 약 성분이 병을 이기도록 돕거나 적어도 어느 정도 견디면서 살 수 있게 한다. 그러나 정신병에 관한 약물은 어떤가? 정신병에도 신체와 똑같이 약물로 치료를 한다고 생각하면 왠지 기분이 찜찜하다. 혹시 이러한 불안함은 자유의지에서가 아니라 뭔가에 의해 조종된 결과는 아닐까? 환자의 동의를 얻고 진행하는 약물치료조차도 찜찜해하니 말이다.

이러한 불안함은 정신과 육체를 엄격하게 분리했던 과거의 플라톤 전통과 관계가 있는 것 같다. 신플라톤주의에서는 정신이 알맹이이고 육체는 고귀한 정신을 가두고 있는 일시적이고 역겨운 감옥이었다. 당연히 기독교는 이러한 시각을 거부했다. 왜냐하면 그들은 '육화한 신'을 믿었기 때문이다. 신플라톤주의자의 시각으로 볼 때 '육화한 신'이란 결국 신이 역겨운 감옥에 갇혔다는 뜻이므로 기독교 입장에서는 신성모독이나 마찬가지였다. 그래서 기독교는 정신에 대한 정의를 플라톤에서 가져오지 않고 그의 제자이자 반대자인 아리스토텔레스에게서 가져왔다. 기독교는 1313년 비엔 공의회에서 정신을 '포르마 코르포리스forma corporis', 즉 '육체를 형성하는 힘'이라고 정의했다. 이 정의는 오랫동안 서구사회에 영향을 미치다가 독일의사협회가 "죽음은 단순히 정신의 부재가 아니라 전체 유기활동이 멎은 상태다."라는 죽음의 정의를 발표하면서 그 실효성을 잃었다. 즉 육체와 밀접한 관련이 있는 정신, 육체에 활기를 주는 정신은 힘을 잃었다. 엄격히 말하면 기독교는 정신이 깃든 육체 없이는 정신을 제대로 상상할 수 없다. 그러므로 사람이 죽은 후부터 종말의 그날에 다시 '육체가 부활'할 때까지의 상태는 기독교 관점에서 보면 육체 없는 정신이기 때문에 고유한 정신이라 보기 어렵다. 정신과 육체를 통합해서 보는 이러한 시각에서는 정신병을 약물로 치료하는 것이 원칙적으로 전혀 문제가 안 된다. 왜냐하면 정신에 미치는 효과는 육체에도 미치고, 반대로 육체에 미친 효과는 정신에도 미치기 때문이다. 이것은 신플라톤주의보다 훨씬 더 현대적 학문의 관점에 근접해 있다. 육체와 정신을 통합해서 보면 정신병의 약물치료는 결코 경계를 넘는 일이 아니다. 사실 애초에 넘을 경계도 없다.

오늘날 우리는 심리치료가 뇌에 어떤 영향을 미치는지 잘 알고 있다. 또한 뇌의 변화가 어떤 심리적 효과를 나타내는지도 이미 오래전부터 알고 있었다. 그러므로 약물을 이용하여 뇌에 변화를 주는 것은 심리치료에도 유용할 것이다. 심리치

료와 약물치료 양쪽의 도움을 모두 받는 사례는 앞으로 늘어
날 것이다.

그래서 이론적으로 정신병 약에 대항할 어떤 근거도 남지
않은 게 사실이지만 여전히 찜찜함을 없애기가 어렵다. 나는
정신분열증 환자가 얼마나 심각한 상태에서 병원을 찾아오는
지 이미 인턴시절에 경험했다. 나의 첫 정신분열증 환자는 환
청으로 자신의 행동을 경멸하는 비판의 소리와 어떤 행동을
하라고 명령하는 소리를 들었다. 한마디로 끔찍한 환청에 시
달렸다. 당시 그는 결코 혼미한 상태가 아니었고 자신이 어디
에 있는지 정확히 알았으며 매우 이성적이었을 뿐만 아니라
정치적 상황이나 그 비슷한 사건들에 대해서도 객관적인 태도
를 취할 줄 알았다. 그러나 환청으로 인해 늘 추격을 당하고
있다고 생각했고 언젠가는 체포되어 끔찍한 고통을 당하게 될
것이라고 믿고 있었다. 또한 세상은 자신을 위협하는 어둠의
세력으로 가득하다는 확신에 차 있었다.

그는 대학에서 수학을 공부한 인텔리였다. 대부분의 환자가
그렇듯이 그도 자신을 위협하고 두렵게 하는 것들을 논리적으
로 설명하지 못했다. 바로 이것이 광기의 특징이다. 논리가 통
하지 않는다. 만약 논리로 설득이 된다면 모든 정신병치료를
거부하지도 않았을 것이다. 논리가 통한다면 그것은 광기가
아니라 기껏해야 '벽 보고 얘기하는 기분'을 갖게 하는 왕고
집일 뿐이다. 광기를 없애기 위해 나는 약물치료를 시작했다.

빠른 효과를 위해 먼저 주사를 놓았고 그 다음에는 물약, 그 다음에는 알약으로 바꿨다. 예상대로 4주 후에 광기는 완전히 사라졌고 환자는 기가 막힌 듯 내게 물었다. "선생님, 도저히 이해할 수가 없어요. 어떻게 제가 그런 어처구니없는 상태에 빠질 수 있었을까요?"

약의 양을 조금 줄였더니 다시 광기가 살짝 비쳤다. 환자는 양을 다시 늘려달라고 요청했다. 확실히 환자를 치료한 것은 약이었지 상담이 아니었다. 약은 자유를 속박하기는커녕 정반 대로 환자에게 자유를 주었다. 환자는 약의 도움으로 마침내 스스로 원하는 것을 생각할 수 있게 되었다. 그의 주체적 사고 를 막았던 병적이고 광적인 사고가 사라졌기 때문이다.

하지만 약물치료로 환자에게 자유를 되찾아줄 수 있을 때만 약을 처방해야 한다. 그 외의 목적으로 약을 처방하는 것은 모 두 사기다. 정신분열증과 마찬가지로 심각한 우울증은 항우울 증 약으로 치료할 수 있다. 정신분열증 약이나 항우울증 약이 개발되어 처방된 지는 벌써 50년이 되었지만 단 한 번도 환자 를 구속하지 않았다. 또한 현대의 약은 옛날 성분보다 훨씬 부 작용이 적다. 이러한 약들은 일시적인 파킨슨 증상(경직, 마비, 떨 림), 불편한 걸음걸이, 움직임이 마음대로 조절이 안 되어 한참 을 수고해야 움직일 수 있는 병에도 처방할 수 있다. 물론 약 물과다복용 사례도 있다. 양이 과하게 처방되면 환자는 '약에 취한 사람처럼', 즉 사람들이 끔찍한 부작용 상황으로 즐겨 표현하듯 '축 늘어진다.' 그러나 제대로 처방된 정신분열증 약과 항우울증 약은 결코 환자를 축 늘어지게 하지 않는다. 오히려 그 반대다. 올바른 처방으로 정신분열증 환자가 충격적인 광기에서 벗어나면 다시 활기찬 생활을 하게 된다. 우울증 환자가 우울증에서 벗어나면 '축 늘어진' 상태가 되는 것이 아니라 더욱 활기차고 힘찬 사회의 일원이 된다. 심지어 건강할 때는 예방효과도 있다. 그러므로 약물치료 역시 다른 많은 치료법과 마찬가지로 중요한 치료법 중 하나다. 약의 도움을 거부하는 일은 치료의 단념일 수도 있다.

물론 포괄적 의미에서 정신병 약을 비판하는 거라면 언제나 기꺼이 동참할 수 있다. 왜냐하면 가장 흔한 정신병 약이 여전히 중독성이 강한 벤조디아제핀 성분의 신경안정제와 수면제이기 때문이다. 한 달만 복용해도 몇몇 중독 증상이 나타난다. 그런데도 많은 사람들이 아무 비판 없이 이러한 약들을 복용한다. 물론 의사의 처방에 따라 복용하라는 '지시사항'이 있기는 하지만 이러한 약들은 공포증이나 여타 불안증 혹은 심각한 불면증이 나타날 때 먹으면 즉시 효과가 있다. 이럴 때는 정말 급한 경우에만 먹어야 한다. 이러한 '행복 알약'을 아무 거리낌 없이 복용하는 사람들이 많은데, 벤조디아제핀 성분은 장기적으로 먹을 경우 행복을 주기는커녕 중독을 가져올 수 있다.

"고칠 수 있는 병인가요?" 환자 가족들이 내게 가장 많이 하는 질문이다. 대부분의 경우 나의 대답은 확실한 "예스."다. 오늘날 우리는 항우울증 약으로 심각한 우울증을 고칠 수 있다. 환자는 예전처럼 건강해진다. 정신분열증도 대부분 완치할 수 있고 적어도 직장생활과 다른 평범한 사회생활을 가능하게 해준다. 모든 의사의 목표가 병을 치료하는 것이므로 치료 가능성은 의사들에게도 당연히 중요한 질문이다. 그러나 고칠 수 있냐는 질문을 정신과의사에게 하는 거라면 질문 뒤에 뭔가 감춰져 있다. 가족들은 환자가 건강해지겠느냐고 묻고 있는 것이 아니라 환자가 다시는 정신병에 걸리지 않을 거라고 확답을 해줄 수 있느냐를 묻고 있는 것이다. 독감 환자가 있다고 치자. 열과 여타 증상이 사라져야 독감이 치료되었다고 믿을 것이다. 그러나 그렇다고 평생 다시는 독감에 걸리지 않으리라 확신할 수는 없다. 우울증이나 다른 정신병도 마찬가지다. 다시 우울증에 걸릴지 다시는 걸리지 않을지 아무도 확언할 수 없다. 그런데 가족들은 정신과의사에게 그것을 약속받고 싶어한다. 그래서 정신과의사는 하얀 가운을 입은 다른 의사보다 종종 더 많은 능력을 보여줘야 한다. 가족들은 단순한 치료가 아니라 영구적인 치료를 기대한다. 그러나 완전한 영구적 보장이란 없기 때문에 이것은 몹시 까다로운 문제다. 그래서 기대에 찬 환자와 가족들의 질문에 다소 절망적으로 들리겠지만, 육체의 병이든 정신의 병이든 영구적인 치료는 없다고 대답한다. 그 순간이 정신과의사로서 가장 힘든 순간이다. 그러나 확실한 치료는 아니더라도 환자가 비극적 고통을 다소 견디게 되었을 때 치료사는 보람을 느낀다.

정신과의사는 단순히 뼈를 다시 붙이는 게 아니라 존재를 위협하는 질병을 비교적 단순한 방법으로 치료하거나 고통을 효과적으로 줄여줄 수 있다. 그러므로 정신과의사는 자기 직업에 긍지를 가져도 좋다. 옛날에는 지금과 많이 달랐다. 옛날에는 그냥 기다리는 경우가 많았다. 그리고 기다리는 사람은 정신병자를 돌보는 사람이 아닌 감시하는 사람이었다. 이것만 보더라도 과거 몇십 년 사이에 약리학이 가장 많이 진보된 분야가 정신의학이라고 말해도 과언이 아닐 것이다. 오늘날에는 어떤 환자도 오랜 기간 어떤 곳으로 '강제 추방' 되지는 않는다. 정신병자들은 성공적으로 치료되고 일생의 대부분을 다른 사람들과 똑같이 건강하게 산다. 현대 정신의학과 효과적인 심리치료가 정신병자들의 고통을 줄이는 데에 많은 공헌을 한 것은 확실하다. 그러나 환자들이 고통에서 벗어나 평범한 삶을 이어갈 수 있게 해준 것은 의심의 여지 없이 대부분 정신병 약이었다. 그러므로 좋은 심리치료와 나쁜 정신병 약 중 하나를 고르라는 양자택일은 순 엉터리였을 뿐만 아니라 위험한 엉터리였다. 생명을 구하는 심리치료가 있듯이 생명을 구하는 정신병 약이 있다. 둘 다 부작용이 있다. 두 치료 방식 모두에서 '전혀 해를 끼치지 않는 치료' 라는 말은 위험한 오해다. 가벼운 예민성 장애를 가진 환자가 알약을 삼키는 것은 전혀 도움이 되지 않는다. 기껏해야 제약회사 좋은 일만 시키는 일이다. 그러므로 약물치료에서는 언제나 치료사의 책임감 있는 조언이 중요하다. 정신병 약은 광채와 고통이라는 두 얼굴을 가졌다. 약이 너무 적게 혹은 너무 많이 처방될 위험이 늘 있기 때문이다.

자의식이 강한 환자의 최후 통첩

"선생님, 전기경련요법으로 치료해주세요. 다른 치료는 받지 않겠어요." 이렇게 확고한 의지를 분명히 밝혔던 환자가 있었다. 그녀는 반복성 우울증 환자였는데 그동안 여러 치료를 받았지만 크게 도움이 되지 않았다. 대학에서 막 공부를 시작했을 때 나는 '전기충격'에 대해 확실히 회의적이었다. 텔레비전의 달콤한 의학드라마에서 생명 구출의 클라이맥스가 늘 '심장 전기충격'인데도 일반적으로 사람들은 정신병 치료에서 쓰는 전기경련요법에 대해서는 사디즘sadism과 고문 중간쯤을 연상한다.

왜 그럴까? 약 70년 전쯤, 정신병자가 급성 간질발작 직후에 상태가 호전됨을 우연히 알게 되었다. 정신병 치료법이 거의 없던 당시로서는 센세이션이었다. 그래서 정신병치료를 위해 인위적으로 간질발작을 유도했다. 그러나 이 방법은 엄청난 부작용을 낳아 환자가 경련발작으로 다치는 일이 적잖았다. 다행히 그 사이 전기경련요법은 마취와 근육이완 상태에서 진행되어 부작용이 적고 효능이 좋은 치료로 자리를 잡았다. 목덜미에 짧은 전기자극을 주면 마취상태의 환자는 눈꺼풀만 약간 떨 뿐이다. 깨어난 후 잠깐 동안 기억상실을 호소하기도 했지만 기술의 발달로 이런 경우 역시 대폭 줄었다. 전기경련요법의 효과는 때때로 대단히 놀랍다. 몇 달 동안 죄책감과 강박관념에 시달리던 심각한 우울증 환자가 전기경련요법으로 병을 치료한 뒤 자기가 어떻게 그토록 어처구니없는 상태에 있었는지 어이없어한다. 환자가 치료에 만족하여 다시 활기찬 생활로 돌아가는 모습을 보면 전기경련요법에 회의적인 사람이라도 즉시 생각을 바꾸게 된다. 전기경련요법은 아직 잘 알려지지 않았고 그래서인지 아주 드물게 쓰인다. 그러나 잘 알려지지 않았다고 해서 학문적 근거가 확실한 방법에서 제외시키는 것은 윤리적으로 따져봐야 할 문제다. 전기경련요법의 효능과 한계를 명확히 설명하는 것은 어쩌면 과학저널리스트들의 첫 번째 과제일지도 모른다. 굳이 새 의학드라마에서 똑똑한 정신과의사가 부드러운 미소로 설명할 필요까지는 없을 것이다.

최근에 반복성 우울증의 '고통스러운 리듬'을 깨기 위한 또다른 기술적 발전이 있었다. 자기 판으로 뇌에 전류를 흐르게 하는 경두개 자기자극과 경추의 미주신경을 자극하는 미주신경자극이 그것이다. 심각한 우울증에서 다른 치료법이 별 효과가 없으면 주로 이 방법을 쓴다.

보통사람이든 심각한 우울증 환자이든 가벼운 수면 부족은 기분 전환 효과를 낸다. 솔직히 잠을 설친 다음날 아침에는 몸이 찌뿌드드한 것이 사실이다. 그러나 꼭 그런 것만은 아니다. 나는 그것을 대학 시절에 직접 경험했다. 다음날 세미나 발표를 해야 했고 그와 관련된 리포트를 발표 전에 끝내야만 했기 때문에 밤을 꼬박 샌 적이 있었다. 밤새 한숨도 못 잤지만 다음날 아침 나의 정신은 최고로 맑았다. 정말 이상할 정도로 기분이 들뜨고 상쾌했다. 교수님이 도입부의 일러두기 부분에서 잘못된 점을 지적했을 때, 나는 아무 거리낌 없이 명랑하고 활기차게 "OK, 실수 인정!"이라고 외쳤다. 순간 이상한 기류가 강의실을 감쌌고 학생들은 어안이 벙벙한 표정으로 나를 빤히 쳐다보았다. 나는 곧 상황을 파악했고 당황스러운 순간을 빨리 넘기기 위해 뭐라고 계속 중얼거렸다. 다행히 교수님도 너그럽게 그냥 넘어가주었다. 결과적으로 수면 부족은 내게 그리 훌륭한 기분 전환 효과를 주지 못했다.

　누구에게나 밤샘 후에 살짝 기분이 들떴던 기억이 있을 것이다. 바로 이 효과를 우울증에 이용한다. 우울증 환자를 일부러 새벽 1시 반쯤에 깨우고 잠들지 못하게 한다. 그러면 다음날 때때로 환자의 눈은 빛나고 실로 오랜만에 활기도 띤다. '긴 터널 끝에 한줄기 빛이 있다'는 표현이 딱 맞다. 빛 자체를 치료에 이용하기도 한다. 계절성 우울증은 해가 짧은 계절에 더 심해지기 때문에 인위적으로 빛을 더 오래도록 쐬게 한다. 환자가 밝은 빛 앞에 일정 시간 앉아 있으면 우울증 치료에 도움이 된다. 이 밖에도 여러 다양한 치료법들이 있다. 정신과의사가 환자의 고통을 줄이기 위해 새로운 여러 방법들을 고안하는 것은 당연한 일이다. 우울증 환자의 절망적인 눈빛을 보고 가능한 한 빨리 효과적으로 치료해주고 싶은 게 인지상정인 것이다. 어찌 보면 절망한 사람들의 안타까운 눈빛이 정신의학을 발달시켰다 해도 과언은 아니다.

그러나 정신과의사만이 정신병자를 돌보는 건 아니다. 심리치료사 또는 종종 환자의 회복에 의사보다 훨씬 중요한 간호사와 조무사들이 있다. 음악치료, 예술치료, 과거에는 직업치료라고 불렀던 작업치료, 스포츠 및 운동치료, 그리고 모든 사람들의 건강을 위해 보다 큰 의미를 갖는 물리치료가 있다. 환자가 스스로를 질병에 시달리는 환자로만 여기지 않고 다시 활기찬 사람으로 경험하는 데에는 작업치료가 매우 좋다. 다른 사람들이 돈을 내고 구입하는 뭔가를 생산하는 일은 여러 달 혹은 여러 해 동안 쓸모없는 존재로 느껴야만 했던 사람에게는 매우 중요한 성공의 경험이다. 정신의학 역사에서 약리학이 발전하기 전에는 작업치료가 지속적인 효과를 내는 첫번째 치료법이었다. 작업치료는 그 후로도 꾸준히 발전했다. 현대 정신의학은 작업치료의 도움으로 정신병자에게 직장생활의 가능성을 열어줄 수도 있다. 모두가 잘 알고 있듯이 일은 성공의 경험뿐 아니라 중요한 사회적 접촉도 가능하게 해준다. 그래서 유토피아적 건강 꿈나라와 달리 맑은 정신의 현실주의로 정의한 프리드리히 니체의 건강에 대한 정의가 다시 각광을 받는다. "자기 본업에 여전히 몰두할 수 있느냐가 건강의 척도다." 이러한 건강이라면 목표로 삼을 만하다.

PART. 3

발칙한 만프레드식 치료

"그는 당신이 바보라고 생각하진 않아요. 단지 귀머거리구나 하고 생각하겠죠.
정말 바보는 귀머거리를 바보라고 생각하는 정상인들이에요."
_작은 신의 아이들Children Of A Lesser God 중

01

뇌의 손상
머리에 충격을 준다고 기억이 돌아오지는 않는다!

준비운동은 끝났고 준비물도 다 갖췄다. 이제 모든 진단과 치료를 설명하는 엄청난 일을 시작할 예정이다.

우리는 이제 진단이 무엇이고 또 무엇이 진단이 아닌지도 안다. 진단은 진리가 아니다. 진단은 적합한 치료를 찾기 위한 코드명이다. 우리는 이제 정신장애를 완전히 다른 여러 관점에서 볼 수 있게 되었다. 그리고 이러한 관점들 중 어떤 것도 진리가 아님을 알고 있다.

우리는 앞에서 몇몇 치료의 센스와 난센스에 대해 이미 경험했고 각광받는 치료 과정도 조망했다. 이제 진단과 치료에 대한 이러한 기본적인 지식을 정신병의 넓고 다양한 세계에 이용할 일만 남았다.

카멜레온처럼 변하는 뇌

부부가 찾아왔다. 결혼한 지 꽤 오래된 부부다. 그러나 이들의 행복은 곤두박질치고 있었다. 그것도 아주 빠르게. 남편은 고통에 짓눌린 듯 앉아 있었고 아내는 '하늘같은 남편에게' 등을 돌리고 앉아 있었다. 그녀는 화가 잔뜩 나서 남편에게 짜증을 냈다. 남편이 문제라고 확신하는 태도였다. 그녀의 말대로 '남편을 위해' 그녀가 상담신청을 했다. 나는 기대에 차서 두 사람을 바라보았다. 그러나 아무도 말을 하지 않았다. 마침내 아내가 소리쳤다. "무슨 말이든 좀 해봐요! 여기 온 게 다 누구 때문인데." 그러자 남편이 더듬거리며 말을 시작했다. "그게 말이죠, 선생님, 내가 알코올중독자랍니다. 그래서 치료를 받아야 한다고…… 가끔씩…… 술을 마시긴 합니다……." 그러자 여자가 쏘아붙였다. "허구한 날!" 남자가 여자의 눈치를 보며 더듬거리며 말했다. "……좀 많이." 여자가 화를 내며 덧붙였다. "많아도 너무 많이!" 나는 이러한 부부들을 많이 봐왔다. 알코올중독자 남편과 술을 끊게 하려고 애쓰다 마침내 인내심이 바닥난 아내. 더 생각할 것도 없이 바로 머릿속에는 알코올해독 병동의 침대가 아른거렸고 알코올중독자 자조집단의 추천이나 더 나아가 장기 심리치료 등등이 주마등처럼 지나갔다. 그러나 바로 이러한 성급한 판단에서 문제가 시작됨을 곧 상기했다.

나는 남편의 몸을 진찰해야 하니 잠시 밖에 나가 기다려달라고 아내에게 청했다. 육체적 증상을 진찰하는 것은 정신과 진료의 당연한 수순이다. 근육이완을 점검했더니 몸의 왼쪽 부위에서 잦은 경련 증상이 있었다. 모든 경우의 수를 예상했지만 미처 생각하지 못했던 증상이었다. 다방면으로 점검해봐도 그러한 증상은 여전히 뚜렷했다. 오른쪽 뇌와 관련된 몸의 왼쪽 부위에서 경련이 자주 일어났다. 부부는 이에 대해 전혀 언급하지 않았다. 배변이나 기타 신진대사에는 전혀 문제가 없었다. 옛날 같으면 이것은 꽤나 어려운 문제였다. 일반적인 엑스레이로는 뼈밖에 볼 수 없었기 때문이다. 뱃속도 볼 수 없었고 뇌도 볼 수 없었다. 그러나 오늘날에는 다행스럽게도 복잡한 엑스레이 기술인 컴퓨터 단층촬영CT으로 뇌를 볼 수 있다. 또한 자기공명영상MRI은 더욱 정확하여 뇌를 해부도 보듯이 자세히 볼 수 있다. 그리고 CT 촬영이나 MRI 촬영은 힘들지도 않다(어쨌든 뇌 사진을 찍어본 사람만이 머릿속에 확실하게 뇌가 있음을 증명한 셈이다. 그러니까 이들은 확실히 골빈 사람들이 아니다!). 나는 남편의 뇌를 당장 촬영했고 오른쪽 뇌에서 작은 종양을 발견했다.

　아내를 불러 이것저것 자세히 물으니 얼추 6개월 전부터 좀 이상하기 시작했단다. 또 어쩐지 예전과 많이 달라졌고 건망증도 심해졌으며 심지어는 가끔씩 방향감각을 잃어버렸다고 했다. 그래서 직장에서도 종종 문제가 생겼고 그는 이러한 상황에 전략적으로 대처하기 위해 명예조기퇴직을 했다. 실업자가 되어 집에 있는 시간이 많아지자 남편은 자연스럽게 장보기 같은 가사일도 하게 되었다. 사실 장보기 같은 건 직장에 다닐 때도 종종 했던 일이다. 그런데 언제부터인가 자꾸 사와야 할 물건을 잊어버리고 사오지 않았다. 남편에게 좀처럼 없었던 건망증을 아내는 자신의 부탁과 존재를 무시하는 행위로 받아들였다. 당연히 부부싸움이 잦아졌다. 술을 입에도 대지도 않던 남편이 이제는 거의 매일 밤 맥주를 여러 병씩 마신다고 했다. 실업자 신세인데다 행복했던 부부관계가 알 수 없는 이유로 위기에 처한 상황에서 술이 약간의 위안을 주었던 것이다. 또한 몇 달 전부터 생전 처음 앓기 시작한 두통에도 맥주는 도움이 되었다. 그러나 맥주는 부부관계 개선에 전혀 도움이 되지 않았다. 오히려 부부싸움의 새로운 주제로 추가되었다. 싸워봤자 아내가 원하는 것이 무엇인지 모르겠고 결국 남편은 아내의 잔소리를 귓등으로 들으며 더욱 술독에 빠졌다! 부부싸움을 하고 나면 평상시보다 더욱 맥주가 간절해졌다. 그렇게 악순환은 계속되었다. 30년 동안 조화롭게 살아온 부부였지만 결국 아내는 이혼 얘기를 꺼내기 시작했다. 절망에 빠진 남편은 결국 병원 진료를 받아들였다.

병원 진료를 거부했다면 어떻게 되었을까. 생각만 해도 아찔하다. 비록 악성 종양이 아니더라도 뇌에서 자라는 종양은 모두가 장기적으로 치명적 결과를 낳는다. 종양이 자라면서 뇌의 공간을 차지하고 공간이 부족해지면서 어쩔 수 없이 종양은 뇌를 압박한다. 그러면 제일 먼저 두통이 생기고 집중력 감퇴, 방향감각상실 등의 불특정한 정신적 증상을 야기하며 언젠가는 잦은 피로감, 졸음, 혼수상태를 거쳐 마침내 죽음으로 이어진다. 이러한 치명적 결과를 막기 위해 수술을 결정했다. 두개골을 열고 종양을 제거했다. 상태의 호전이 확실히 눈에 띄었다. 집중력 감퇴는 사라졌고 방향감각도 전혀 문제가 되지 않았다. 고통스런 두통도 사라졌다. 술도 바로 끊었다. 수술 한 번으로 이상한 성격과 기억력감퇴, 부부위기, 초기 알코올중독이 깨끗이 치료되었다. 환자는 물론이고 아내도 다시 행복해했다. 30년 동안의 조화로운 부부관계는 계속 보존될 것이다. 이제 이들에게는 관계의 위기를 극복할 힘이 생겼기 때문이다.

이 사례로 인간이 뇌를 가졌다는 사실과 뇌 역시 다른 장기와 마찬가지로 신체기관임을 명심해야 함이 명확해졌다. 뇌의 손상은 마치 카멜레온처럼 온갖 종류의 정신병을 기가 막히게 모방한다. 뇌종양은 정신분열증, 우울증, 조울증, 중독 등 거의 모든 정신병을 그대로 흉내낼 수 있다. 또한 뇌출혈, 뇌 염증, 약물중독 역시 같은 증상을 초래할 수 있고 뇌와 직접적인 관련이 없는 신체의 질환도 같은 증상을 유발할 수 있다.

물론 단순한 정신병이 아니라 뇌의 위급한 문제라는 일종의 경고 신호가 있다. 진화 과정에서 뇌는 소중히 다룰 수밖에 없도록 아주 예민해졌다. 당연히 뇌는 우리의 최고 자랑거리이지만 너무 다치기 쉽다. 아주 작은 자극에도 쉽게 상처가 난다. 그리고 이러한 모든 상처에 뇌는 지적으로 반응하지 않는다. 지적이기는커녕 오히려 한술 더 떠서 아주 단순무식하게 반응한다. 두들겨 맞든, 짓눌리든, 약물이 과하게 들어오든 혹은 여타 이상한 방식으로 치료되든 전혀 상관없다. 이를테면 뇌는 온갖 이상한 정신현상을 다 만들어낼 수 있다. 그러나 줄기차게 오직 한 가지 톤으로 반응한다. 갑자기 방향감각을 잃기 시작해서 점점 더 자주 길을 잃는다면, 날짜를 인식 못하고 자기가 처한 상황을 파악하지 못한다면, 자꾸 졸린다면, 그리고 마침내 의식을 잃는다면, 이것은 신체기관에 문제가 있는 급성 정신병의 전형적인 과정이다. 이러한 과정을 보였다면 뇌에 문제가 생긴 것이다. 다음의 증상들을 보면 더 확실히 이해가 될 것이다.

- 뇌에 종양이 있을 때의 증상: 방향감각상실, 졸음, 혼수상태!
- 뇌출혈이 있을 때의 증상: 방향감각상실, 졸음, 혼수상태!
- 혈당이 높을 때의 증상: 방향감각상실, 졸음, 혼수상태!
- 약물과다복용일 때의 증상: 방향감각상실, 졸음, 혼수상태!
- 알코올중독일 때의 증상: 방향감각상실, 졸음, 혼수상태!

어차피 다 똑같은 증상이라도 이러한 정보를 주의 깊게 추적해야 할 때가 종종 있다. 만약 정신분열증 환자가 갑자기 자기 집을 찾지 못한다면, 틀림없이 그는 정신분열증 환자가 아니거나 정신분열증 환자이면서 동시에 추가로 뇌도 손상되었을 것이다. 만약 우울증 환자가 계속 졸면, 이것은 우울증 환자의 무기력이 아니라 어쩌면 자살을 위해 약물을 과다 복용한 탓이거나 우울증이 가려버린 호르몬 장애 혹은 뇌출혈, 더나아가 뇌종양 때문일지도 모른다.

이렇게 뇌의 문제로 생긴 정신병, 즉 신체기관의 문제가 원인인 정신병자들은 독일 정신의학이 이미 밝혔듯이, 기본적으로 정신과의사가 치료하지 않는다. 그 대신 정신과의사는 가능한 한 빨리 정신병의 원인이 신체기관의 문제임을 알아채고 환자를 서둘러 해당 전문의에게 보내야 한다. 뇌종양이나 뇌출혈을 수술할 수 있는 신경외과로, 호르몬 장애를 전문적으로 다루는 내과로, 약물중독을 훌륭하게 중화 및 해독할 수 있는 중환자실로 보내야 한다. 그러려면 가장 중요한 것이 역시 올바른 진단이다. 저혈당증 때문에 처음엔 이상한 행동을 자꾸 하다가 갑자기 의식을 잃은 환자가 있었다. 절망에 빠진 가족들을 잠시 나가 있게 한 후 당 주사를 놓자 환자는 바로 깨어나서 가족을 불렀다. 환자에게나 가족에게나 그것은 마법 같은 일이었다. 비교적 단순한 진단에 비교적 단순한 치료였지만 그들에게는 잊을 수 없는 놀라운 일이었다.

여러 달 동안 우울증에 시달렸던 환자가 우울증 때문에 갑상선기능저하증을 앓게 되는 사례도 있었는데, 이때 갑상선기능을 정상으로 만들자 우울증도 함께 사라졌다. 하지만 치료가 늘 이렇게 극적이지는 않다.

뇌가 가장 싫어하는 것

신체가 원인인 정신병은 급성이거나 만성이다. 뇌진탕이 급성의 예다. 머리를 강타하여 몇 분 동안 의식을 잃게 만드는 것이 여기에 속한다. 드라마에서 흔히 보는 것처럼 머리에 살짝 충격을 준다고 기억이 돌아오지는 않는다. 오히려 뇌는 불쾌감을 느끼고 심지어 사고활동을 일시적으로 완전히 중지한다. 의식을 잃었던 환자가 다시 깨어나면 신체가 원인인 정신병이 늘 그렇듯 몇 분 동안은 방향감각이 없고 구토를 일으킨다. 그리고 일시적으로 혼미한 상태가 이어져 정상생활로 돌아가기가 힘들다. 이러한 강타는 CT 촬영에서 눈에 띌 만한 상처를 뇌에 남기기도 한다. "자, 이 접시가 여러분의 두개골이라고 생각해보세요." 교수님은 직접 접시를 강타하는 라이브 실험을 보여줬다. 그러고는 머리를 강타했을 때 그 충격이 두개골을 통과해서 강타한 자리뿐 아니라 그 속의 뇌에도 상처를 남기는 충격파에 대해 강조했다. 충격파가 있는 경우에는 혼수상태가 한 시간 이상 지속되고 혼미한 상태도 더 오래간다. 혼수상태 혹은 혼미한 상태에서 범죄를 저지른 후 범인이 그 일을 기억하지 못하는 경우가 잦기 때문에 특히 범죄수사 분야에서 이러한 상태에 관심을 갖는다. 당연히 이러한 상태에서 한 행동에 대해서는 책임을 물을 수 없다. 겉으로는 멀쩡한 사람이 일시적으로 보이는 증상이기 때문이다. '과도기적 증상'이라고도 불리는 이러한 상태를 명확히 알아차리기는 힘들다. 심지어 겉으로는 완전히 제정신인 것처럼 보이는 이른바 '말짱하게 혼미한 상태'도 있다. 당연히 이러한 상태의 환자는 아무것도 기억하지 못한다. 만약 이러한 상태에 있는 환자가 늘 증오하던 이웃을 죽였다면 과연 아무것도 생각나지 않는다는 그의 말을 믿어야 할까? 쉽게 답하기 어려운 물음이다. 대형 교통사고 직후 부상자가 '과도기적 증상'의 혼미한 상태에서 근처 숲을 헤매다 매우 위험한 일을 당하는 사례도 있다. 어쨌든 뇌에 충격을 받은 후에 다시 깨어났는데 그 후 다시 졸음이 온다면 이것은 1급 위기상황이다. 뇌가 충격받았을 때 틀림없이 뇌출혈이 있었거나 흘러나온 피가 뇌를 짓누르고 있는 상황이다.

약물과다복용, 신진대사장애, 뇌의 염증 혹은 햇볕에 뇌가 과열되는 '일사병' 때문에 급성 뇌 질환이 발생할 수 있다. 수막염은 '뇌의 피부에 난 염증'이지만 대부분은 뇌에도 같이 염증이 난다. 그러면 수막염이 아니라 수막뇌염이 된다. 또한 뇌에만 염증이 나는 뇌염도 있다. 박테리아나 바이러스가 원인이다. 이러한 극단적인 경우에도 뇌는 똑같이 방향감각상실, 졸음, 혼수상태로 반응한다. 이때 생명을 구하는 치료제는 박테리아를 제거하는 항생제와 바이러스를 잡아두는 항바이러스제다.

100년 전 정신병 환자들은 대개가 진행성 마비를 겪었다. 이것은 항생제가 없었던 당시에는 실제로 치료가 불가능했던 박테리아 성병, 즉 매독의 최종 단계였다. 19세기의 위대한 철학자 프리드리히 니체는 완전히 정신이 혼미해져서 죽었다. 이 무서운 뇌 질환에 정신적 총기를 약탈당해 죽은 것이다.

급성 뇌 질환은 흔하게 발생한다. 학계에서 '알코올 환각'이라 불러 다소 마약 느낌마저 드는 알코올중독도 여기에 속하는 것으로 볼 때, 어쩌면 뇌 질환의 원인은 누구나 한번쯤 겪었을 스트레스일 수도 있겠다. 그런데 알코올 환각은 얄궂게도 알코올 없이도 발생한다. 어느 간호사가 방광염 때문에 항생제를 복용했는데, 야간근무 후 다음날 아침회의 때 보고하기를 밤에 재미있는 환청을 몇 개 들었단다. 옆에 없는 어떤 사람의 음성을 들었다는 것이다. 다행히 그녀는 환청을 그냥 웃어넘겼지만 항생제 복용은 즉시 그만두었다. 아무리 재미있는 환청이라도 환청을 계속 듣고 싶지는 않았을 테니 말이다.

노인 환자가 진료를 받으러 왔다. 환자는 기분이 아주 좋았지만 가족들은 근심이 가득했다. 몇 주 전부터 환자는 아무것도 걸려 있지 않은 거실 빈 벽에서 노란색 그림을 보았다고 했다. 원인은 심장병 약의 과다 복용 때문이었다. 심장병 약의 양을 줄이자 그림은 사라졌고 가족은 마음을 놓았다. 하지만 노란 그림들이 정말 아름다웠는데 그게 사라져버려 삶이 재미없어졌다고 환자는 불평했다. 가족들은 고민 끝에 몇몇 화려한 그림을 사다가 거실 벽에 걸었다.

뇌출혈 때만 뇌가 화를 내는 게 아니다. 혈액순환이 일시적으로 원활하지 않을 때도 뇌는 전원을 꺼버린다. 환자는 의식을 잃는다. 그리고 이것은 돌발적으로 발생하기보다는 서서히 과도기 증상을 넘어 환시와 환청을 경험하게 한다. 이때 아주 편안한 기분도 더러 느낀다. 간질발작 전후에 주로 이러한 기분을 느낀다. 간질병을 앓았던 도스토예프스키도 발작 전후의 감정을 그렇게 묘사했다. 심장박동정지 상태에서도 편안한 기분을 느낄 수 있다. 심장박동정지 상태를 죽은 것으로 보는 사람들이 많은데 그것은 잘못된 생각이다. 현대 의학에서 심장박동정지 상태는 죽음과 전혀 상관이 없다. 죽음은 돌이킬 수 없는 끝이다. 오늘날 비교적 쉽게 다시 뛰게 할 수 있는 잠깐의 심장박동정지는 일시적으로 뇌에 피 공급이 부족했음을 의미할 뿐이다. 그러나 심장이 멎은 것은 죽은 거나 마찬가지라는 자극적인 표현은 이른바 '죽음의 경험'이라는 화제를 낳았다. 그리고 "나는 죽었었다. 그리고 그것은 황홀했다."라는 모토에 따라 이러한 증상을 영원한 삶으로의 스펙터클한 탐험으로 각색해 장사하는 작가도 등장했다. 사람들은 기이한 경험들을 통해 확실히 감동을 받는다. 그리고 자신의 삶과 그 의미에 대해 가치있는 생각들을 많이 한다. 특히 '죽음의 경험'은

한 인간을 쓸쓸하고 구태의연한 일상에서 벗어나게 하고 활기찬 생활을 하도록 한다. 그러므로 종교적 관점에서 이러한 사건을 진지하게 다룰 수는 있겠다. 그러나 최후의 심판대를 증언시키기 위해 몇몇 선택받은 사람으로 하여금 직접 둘러보게 허락했다는 논리는 기독교의 진리에 맞는 이야기도 아니고, 그렇다고 한창 잘 나가는 신흥 종교를 선교할 만한 이야기도 아니다. '죽음의 경험'은 뇌에 피 공급이 부족한 결과로 생기는 현상이다. 그 이상도 그 이하도 아니다.

만성 골칫덩이 알츠하이머

급성 뇌 질환에 의한 정신병이 정확한 진단에 따라 주로 다른 전문의에게 보내지는 반면, 여러 달 혹은 여러 해가 넘도록 지속되는 만성 뇌 질환은 대부분 정신과에 남는다. 이러한 만성 질환의 예는 끝도 없이 많다. 예를 들어 유전병인 헌팅톤병(얼굴이나 손과 발에 극심한 경련을 일으키는 퇴행성 뇌 질환-옮긴이)이 있는데, 주로 '무도(舞)병'이라 불린다. 몸이 마음대로 조종되지 않아 움직일 때면 마치 춤을 추는 듯해서 붙여진 이름이다. 이 병에 걸리면 몸을 마음대로 조종하지 못할 뿐 아니라 정신도 마음대로 조종하지 못한다. 또한 유전이 아니라 살다가 얻는 코르사코프증후군 같은 질병도 있다. 주로 오랜 과음 때문에 생기는데 심각한 기억장애와 방향감각장애가 주요 증상이다.

만성 정신병 중 일반적으로 가장 많이 회자되는 장애는 역시 치매성 질환이다. 당연히 이 질환은 만성 뇌 질환이 원인이고 앞으로 전 세계가 가장 빈번하고 폭넓게 관심을 갖게 될 가장 큰 도전과제다.

　내가 정신의학을 공부하기 시작했을 당시에는 65세 이전에 치매를 보이면 '젊은이 노망'이라 불렀다. 노인에게서 같은 증상이 나타나고 특별한 원인이 발견되지 않으면 그냥 '노망'으로 통했다. 알로이스 알츠하이머는 노망난 노인의 뇌세포에서, 그리고 그 주변에서 특징적인 변화를 발견했다. 그러나 그러한 변화는 환자가 죽은 뒤에야 비로소 부검을 통해 확실히 확인할 수 있었기 때문에 당시의 '알츠하이머' 진단은 추측이나 의혹이었지 확실한 진단이 아니었다. 어떤 뇌 질환으로도 진단할 수 없을 때만 알츠하이머라 진단할 수 있었다. 1980년대에 비로소 알츠하이머의 증상과 노망이라 부르던 증상이 똑같음을 확인했고 마침내 노망이라는 병명 대신 알로이스 알츠하이머의 이름을 따서 '알츠하이머병'이라 부르게 되었다. 알로이스 알츠하이머가 죽은 지 60년이 지난 후였다. 말하자면 그는 치매의 넓고 거대한 영역을 사후에 점령한 것이다.

　알츠하이머병에 걸리면 뇌의 조건적 기능저하로 특히 지능이 떨어진다. 집중력, 주의력, 이해력, 인식력, 기억력도 저하되며 시각, 장소, 상황의 인식도 흐려진다. 결국에는 자기 자신에 대한 인식도 흐려져 자기가 누구인지도 모르게 된다. 퇴행은 계속되고 지능도 계속 떨어져 다른 사람의 도움이 없으면 제대로 생활하지 못한다.

알츠하이머병은 꾸준히 진행된다. 그와 달리 아무런 변화가 없다가 갑자기 점프하듯 조금씩 진행된다면 그것은 대부분 뇌혈관의 문제다. 뇌혈관의 손상은 '뇌졸중', 즉 중풍을 일으킨다. 뇌혈관이 손상되면 뇌의 특정 부위에 혈액이 공급되지 않는다. 뇌세포에 3분 이상 혈액이 공급되지 않으면 뇌세포는 영원히 죽는다. 이러한 일이 뇌 곳곳에서 발생하면 이른바 '뇌혈관치매'로 발전한다. 이러한 환자의 뇌를 CT 촬영하면 수많은 작은 구멍들이 보인다. 점프하듯 조금씩 진행되지만 환자는 대부분 꾸준히 진행된다고 느끼고 몹시 괴로워한다. 모든 치매와 마찬가지로 '뇌혈관치매' 역시 환자 곁에서 애정으로 돌보는 것이 특히 중요하다. 환자가 옛날부터 살았던 익숙한 환경에 머물 수 있도록 해야 하며, 방향을 인식하는 데 도움이 될 만한 보조수단이나 기억을 도와줄 보조장치들을 마련해야 한다. 그리고 환자의 가족들도 도움을 받아야 한다. 환자보다 가족들이 훨씬 더 힘들기 때문이다.

'경련성 마비'라 불리는 파킨슨병, 앞에서 언급했던 헌팅톤무도병 같은 여러 다른 만성 뇌 질환에서도 치매 증상이 나타난다. 또한 전두엽에서 발생하고 종종 매우 격한 감정 분출을 일으키는 경직성 픽병 같은 국소적 퇴행성 뇌 질환에서도 같은 증상이 나타난다. 그러나 가장 흔한 것이 약 60퍼센트로 알츠하이머병이다. 뇌혈관치매는 약 20퍼센트다. 뾰족한 치료 방법은 따로 없다. 그러나 초기에 진행 속도를 늦출 수 있는 몇몇 약이 개발되었고 노인성 치매인 경우라면 신체적 상황, 심장, 혈액순환, 신장기능 등의 안정을 통해 정신적 상황도 두드러지게 개선할 수 있다. 숙면을 취할 수 있도록 돕는 것만으로도 기적을 낳게 할 수 있다.

삶의 질과 자유에 대해, 치매는 치료 가능한 다른 질병과는 완전히 다른 근본적인 질문을 던진다. 인간은 기본적으로 삶의 초기인 유아기와 삶의 말기인 노년기에 다른 사람의 도움이 필요하다. 사실 전혀 심각한 상황이 아니다. 오히려 인간에게만 있는 숭고한 사랑을 드러내게 한다. 어찌 보면 치매를 병으로 묘사하는 것은 어이없는 일이다. 삶의 초기인 유아기의 돌봄에 대해서는 아무도 병이라고 말하지 않는다. 그런 의미에서 삶의 말기인 노년기의 능력 감퇴를 병으로 보는 것이 과연 타당할까?

노년기에 신체 능력만 쇠퇴할 뿐 정신은 여전히 건강한 노인들이 많다. 이들은 노인을 어린아이 취급하는 몇몇 노인기관 때문에 고통을 받는다. 내가 아는 어떤 사회학자는 파킨슨병에 걸렸다. 정신적으로는 여전히 건강하고 학식이 높았지만 신체적으로는 수발이 필요했다. 그런 사회학자에게 요양소에서는 동화를 읽어주었다. 어린아이 취급당하는 것이 기분 나빴지만 이 사회학자는 내면의 자존감으로 그것을 견뎠다.

치매성 질환은 정반대다. 흔히 신체적 능력은 놀라울 정도로 좋은데 정신적 능력이 쇠퇴한다. 한창 젊었을 때의 자랑스러운 정신 능력이 말년에 점점 감퇴된다. 빠른 계산 능력, 빠른 논리적 추론 능력, 급변하는 상황에 재빨리 적응하는 능력 등이 점점 사라진다. 이 모든 능력은 사실 컴퓨터가 대신할 수 있다. 컴퓨터가 대신 할 수 있는 능력이 사라질 뿐, 인간 고유의 능력인 사랑, 신뢰, 온화, 자비, 감사, 친절, 연대, 기쁨, 즐거움은 치매성 질환을 앓아도 오랫동안 소중하게 간직된다. 젊은 매니저들은 대부분 시간이나 장소에서 확실히 방향을 잘 잡는다. 오늘의 주식시세를 모조리 암기하기도 한다. 그러나 자기를 사랑하는 아내와 자기를 필요로 하는 아이들이 집에 있다는 사실을 종종 잊어버리곤 한다. 젊은 매니저가 나중에 치매 환자가 되면 자신이 어디에 있는지 오늘 날짜는 어떻게 되는지 알지 못한다. 그러나 자기를 사랑하는 아내와 자기를 좋아하는 아이들이 집에 있다는 사실은 기억한다. 도움을 받는 것은 도움을 주는 것과 마찬가지로 소중한 인간의 특징이다. 그러나 모두가 그렇게 할 수 있는 건 아니다.

치매 환자가 주는 값진 통찰

치매 환자는 삶의 중요성을 일깨워준다. 사람들은 촘촘히 채워진 일정과 약속들 속에서 현재를 잊고 정신없이 산다. 그들의 인생은 처리한 과거와 처리를 기다리는 미래로만 구성되어 있기 때문이다. 반대로 치매 환자는 과거를 잊어버리고 미래에 대한 계획이 없기 때문에 현재를 산다. 그래서 치매 환자는 인생이 오직 현재에만 있음을 사람들에게 상기시킨다. 치매를 인정하고 그런 삶에 만족하며 지내는 치매 환자가 있다. 당연히 가족의 도움과 전문적인 봉사 없이는 불가능한 일이다. 치매 환자가 힘들게 살 수밖에 없는 것이 사실이긴 하지만 사람들의 관념에도 문제가 있다. 사람들이 치매를 끔찍하게 여기는 것은 모든 것을 스스로 처리하는 삶이 좋은 삶이라 여기는 고정관념 때문이다. 모든 것을 스스로 처리하겠다는 인생 목표는 현명하지 못하며, 설령 치매에 걸리지 않은 때라도 그것은 유토피아적인 목표다.

인간은 언제나 어떤 식으로든 다른 사람에게 의존하게 되어 있다. 치매 환자와의 대화에서 뭔가를 배울 수는 없다. 다시 말해 대화에서 건질 만한 것은 아무것도 없다. 하지만 모든 행위에서 반드시 뭔가를 얻어야만 할까? 고대 그리스인에게 노년의 쉼은 인생의 최고 절정기였다. 아무런 목적 없이 사는 기간이었고 그래서 가장 의미있게 보내는 기간이었다. 목적 없는 대화, 의미 깊은 대화, 스트레스에 시달리는 데다 시간은 돈이라서 정상인들은 거의 할 수 없는 대화를 이들은 한다. 완벽하게 현재를 사는 이 기간은 가치를 따질 수 없다. 현재는 반복되지 않고 그래서 재생도 불가하기 때문이다. 치매 환자는 이러한 값진 통찰을 정상인들에게 일깨워준다.

어떤 식으로도 설명이 안될 만큼 완전히 정신이 나간 게 아니라면, 치매 환자들이 정상인보다 함께 살기 훨씬 좋은 사람일 수 있다. 이들은 무엇 하나도 귓등으로 흘려듣지 않고 거짓말도 하지 않는다. 설령 거짓말을 하더라도 나쁜 의도로 하는 거짓말이 아니다. 또한 원한을 품는 일도 없다. 이들은 오직 현재를 소중하게 생각하기 때문에 자기 발전에 조급하지 않다. 그렇다고 치매를 다행으로 여기라는 말이 아니다. 치매 환자의 가족 중 이렇게 생각하는 사람은 아무도 없다. 그러나 골치 아픈 병으로만 봐서도 안 된다. 치매는 때때로 진정한 휴머니즘을 깨닫게 해주기 때문이다.

치매는 증상이 나타나기 시작할 때가 특히 힘들다. 단기기억력이 감퇴하면서 여러 곤혹스러운 일들이 벌어지기 때문이다. 예를 들면 물건들을 어디에 두었는지 잊어버리고는 다른 사람을 도둑으로 몰기도 한다. 생활능력이 떨어지면 제일 먼저 자립능력의 상실을 뼈아프게 경험해야 한다. 그래서 치매 초기에 우울증을 앓는 경우도 많다. 가족들 역시 이러한 상황에 익숙해지기 어렵기는 마찬가지다.

그러나 많은 치매 환자들이 능력 감퇴의 불편한 상황을 노련하게 넘기는 새로운 능력을 개발하기도 한다. 아직도 생생하게 기억하는 대학 시절의 일화가 있다. 나는 대학병원 정신과에 가서 50대 환자를 면담하라는 과제를 받았다. 지적 호기심이 넘치는 여섯 명의 의학도들은 그동안 배운 정신의학기술을 총동원하여 환자를 탐색했다. 환자는 매우 친절했고 면담에도 적극적으로 임했으며 우리가 이것저것 묻는 말에 취미는 뭐고, 대학은 어디서 다녔고, 직업은 공학자라고 막힘없이 척척 대답했다. 그러던 중에 부부관계에 문제가 있었음을 알아냈다. 그는 어쨌든 정신병 때문에 병원에 있었고 정신병은 곧 부부문제와 관련이 있다고 생각했기에 우리는 그 부분을 꼬치꼬치 캐물었다. 그는 아내에게 쥐여살았고 그래서 늘 무시당하는 기분을 느꼈다고 말했다. 약 한 시간 동안의 면담이 끝나자 환자는 깊이있는 대화를 나눴다며 정중히 감사를 표했다. 교수는 우리들이 진행한 면담 내용을 궁금해했다.

우리는 그 환자의 병이 부부문제에서 비롯한 정신병이라고 확신하며 관찰한 것들을 자랑스럽게 늘어놓았다. 그동안 배운 전문용어들을 써가며 감탄과 흥분상태로 보고를 하는 동안 교수의 반응은 점점 이상해졌다. 우리의 관찰이 맞았는지 틀렸는지는 말하지 않고 야릇한 미소만 지었다. 우리의 흥분된 보고가 끝나자, 관찰한 모든 것을 보고한 게 맞느냐고 진지하게 물었다. 우리는 그렇다고 대답했다. 그러자 교수는 환자를 다시 불러 친절하게 인사를 나누고 상투적인 몇 마디를 주고받은 후 아무렇지도 않게 여기가 어디냐고 툭 던지듯 물었다. "호텔이잖아요." 환자는 뭐 그런 당연한 걸 묻느냐는 듯 대답했다. 우리는 벼락을 맞은 듯 정신이 멍해졌다. 우리가 정신병원에 있음을 새삼 깨닫는 순간이었다. 교수는 친절하게 계속 물었다. 환자는 현 수상의 이름도 몰랐고 날짜도 몰랐다. 그는 우리를 기자로 여겼다. 교수는 정중하게 대화를 끝냈고 환자 역시 정중하게 작별인사를 했다. 살짝 재미있어 하는 교수 앞에서 우리는 어찌할 바를 모르고 앉아 있었다. 환자는 상투적 대화와 간단한 이야기로 한 시간가량을 아무 문제 없이 자신이 치매 환자임을 감출 줄 알았다. 장기기억은 여전했으므로 몇 살이냐는 질문에 그는 1927년생이라고 답했다. 태어난 해를 말했지 나이를 말하지 않았다는 걸 우리는 눈치채지 못했다. 올해가 몇 년도인지 몰랐기 때문에 자기가 몇 살인지 답할 수가 없었다. 그래서 그는 치매 환자들이 흔히 쓰는 속임수를 택하여 출생년도로 대답한 것이다. 이러한 방식으로 치매 환자는 순진한 방문자를 한 시간 동안 속일 수 있었다. 이러한 상황은 때때로 문제를 만든다. 치매에 걸린 할아버지를 헌신적으로 수발하는 사람 집에 얄미운 친척들이 방문해서는 할아버지가 정신적으로 말짱한데 수발이 어려울 게 뭐 있냐고 말한다. 그리고 수발비용을 대지 않는 역겨운 핑계로 이용한다. 전쟁 때와 그 밖의 옛날 일들을 상세히 기억할 정도로 할아버지의 기억력이 대단한데 뭐가 문제냐는 식이다. 할아버지의 기억력은 대단하다. 맞는 말이다. 그것이 치매 환자의 전형적인 특징이다. 그러나 내일이면 할아버지는 멀리서 친척들이 방문했던 일을 까맣게 잊는다. 일상에서 매우 중요한 단기기억력은 감퇴하고 장기기억력만 남아 있기 때문에 문제가 되는 것이다. 그래서 수발이 필요한 것이다.

　기억력감퇴와 방향감각상실은 창피해서 쉽게 말하기도 어려운 증상이다. 이러한 증상에 시달리는 사람들과 이웃으로 살아가려면 보다 큰 의미의 존중이 필요하다. 역시 대학 시절에 자기가 방금 말한 것조차 잊어버리는 심각한 치매 환자를 면담한 적이 있는데, 그는 그런 자신을 몹시 창피해했다. 환자가 나간 후에 우리는 한 인간을 그렇게 불편한 상황에 처하게 하는 일이 윤리적으로 옳은가에 대해 토론했다. 교수는 우리를 안심시키려는 듯, 어차피 그 창피함마저도 곧 잊어버린다고 말했다. 그러나 나는 여전히 수긍할 수 없었다. 한 인간이 어떤 불편한 상황에 억지로 처하는 것이 윤리적으로 옳으냐를 판단할 때, 그것을 기억할 수 있느냐 없느냐는 내가 보기에 중요하지 않았기 때문이다. 어쨌든 그 사람은 다시는 돌아오지 않을 소중한 인생의 한순간을 타의에 의해 억지로 매우 불편하게 보낸 것이다.

　그래서 나는 치매 환자를 면담할 때는 먼저 병력을 조사하여 특히 세심하게 신경을 쓴다. 대부분의 정신과의사들이 면담을 시작하자마자 바로 날짜, 장소, 현재 있는 곳 등을 물어보는데, 이것은 환자들을 처음부터 바보 취급하는 행위로 보일 수 있다. 그러나 앞의 사례에서 보았듯이 이러한 질문은 매우 중요하므로 환자를 존중한답시고 빼먹는 일은 없어야 한다. 그래서 나는 면담 중에 이러한 질문을 '산발적으로' 하는 습관을 들였다. 예를 들면 치매가 의심되는 고상한 할머니와 면담을 하면서 무심결에 툭 던지듯 묻는다. "가만 있자, 오늘이 며칠이죠?" 그러면 할머니는 즉시 날짜를 알려준다. 그러고는 살짝 웃으며 덧붙인다. "가끔은 모든 게 뒤죽박죽이죠. 안 그래요, 선생님?" 신중하길 잘했다!

이 밖에도 존중이 필요한 재미난 사례들이 많았다. 미사집전을 그만둔 지 오래인 노신부가 그 사실을 잊어버리고 늘 즐거운 마음으로 미사를 준비했다. 그의 후임자가 이미 제단에 섰는데도 말이다. 또 치매에 걸린 의사도 있었는데 그는 늘 회진을 돌고 싶어했고 그래서 동료 의사는 자기가 회진할 때 동행하도록 내버려두었다. 보다 심각한 상황도 있는데, 이혼 사실을 잊어버린 남편이 계속 아내를 찾아가 괴롭히는 경우가 그랬다. 또 어떤 환자는 다른 치매 환자를 자기 아내로 착각하는 바람에 마찰을 일으키기도 했다. 이러한 상황에서는 최고의 노련함과 상상력, 그리고 적당량의 유머가 필요하다. 환자를 위해 노력하는 모든 사람들이 늘 죽도록 심각하게 의미심장한 표정으로 환자를 지켜보는 것은 좋지 않다. 환자를 존중해야 하는 것은 물론이고 특히 거짓을 말해서는 안 된다. 그것은 환자를 모욕하는 행위다.

정신과의사는 사실 치매에 별로 도움이 안 된다. 치매 진단을 내리는 데는 정신과의사가 반드시 필요하지만 그 외에는 전문교육을 받은 간호사나 조무사들, 사회복지사, 작업치료사, 물리치료사 등이 더 훌륭한 전문가다. 치매에 가장 큰 도움은 진이 다 빠지도록 희생하며 놀라운 인내심으로 곁에서 환자를 돌보는 가족들이다. 환자가 아직 가족을 알아보는 시기에 이들을 대신할 사람은 없다. 바로 그렇기 때문에 가족들이 초기에 너무 많은 힘을 빼앗겨서는 안 된다. 마라톤 선수처럼 힘을 잘 안배하여 끝까지 버텨야 한다. 가족의 후원과 마음의 짐을 더는 것이 치매 환자에게 가장 중요하다는 것을 전문가들은 이미 오래전에 확인했다. 그래서 노인정신의학협회는 치매와 관련된 모든 당면 문제에서 폭넓은 후원을 마련하고 환자와 가족들에게 새로운 치매 단계마다 특별한 도움을 줄 수 있는 중장기적 인생계획을 세운다.

앞으로 치매와 관련하여 우리 사회의 근본에 대한 큰 논쟁이 벌어질 것은 확실하다. 대부분의 정상인들이 믿고 있듯이, 컴퓨터를 닮은 인간의 능력이 가장 중요하다면 치매에 걸리는 순간부터 인간은 망가진 것이다. 망가진 것은 버려지기 마련이다. "수리해봐야 소용없다." 치매 환자를 돌보는 데는 돈이 든다. 그것도 아주 많이 든다. 그리고 재화 생산의 의미로 보면 이들은 사회에 도움이 안 된다. 그런 중에 이러한 사람들을 유혹하는 비상구가 등장했다. '비상구'란 바로 스위스에 있는 기관으로, 이 기관은 '망가진 사람들'에게 죽음의 길을 열어 준다. 자살할 권리에 대한 토론에서는 치매 환자들이 사회에 혹은 지친 가족들에게 무리한 짐이라는 암시를 주어 교묘하게 자살을 권유한다. 사실 마음만 먹으면 자살이 그리 어려운 일도 아니다. 만약 자살에 정당성이 부여된다면 제일 먼저 치매 환자들이 설 자리를 잃을 것이다. 컴퓨터를 닮은 능력을 자랑스러워하는 정상인들의 냉정한 독재 아래에는 감성적인 사람, 연약한 사람, 예민하고 힘겨워하는 사람이 설 자리가 없다.

"도움을 받는 처지가 되지는 않겠다." 정상인들로부터 적잖이 듣는 말이다. 그러나 이것은 현실인식이 전혀 없는 말이다. 왜냐하면 인간은 매 순간 다른 사람의 도움을 받을 수밖에 없기 때문이다. 이런 식의 사고가 사회를 비탈길로 밀어 인간애를 상실하게 만든다. 사회가 치매 환자와 어떻게 지내느냐, 이러한 질문이야말로 사회의 휴머니즘을 테스트하는 리트머스지다.

중독자들의 변명
근심을 덜기 위해 마신다

정신병원에서 인턴으로 있을 때의 일이다. 하필이면 한참 숙면을 취하고 있을 새벽 3시쯤에 누군가 나를 깨웠다. 환자가 입원할 예정이라고 했다. 나는 힘들게 침대에서 굴러 나왔다. 나도 인간인지라 이러한 시간에 급하게 병원으로 온 만큼 다소 흥미진진한 진단을 기대했다. 하지만 첫눈에 흥미진진한 진단의 기대는 사라졌다. 왜냐하면 벌써 멀리서부터 가볍게 비틀대는 중년의 남자를 보았고 가까이 다가올수록 술 냄새가 코를 찔렀기 때문이다. 그때는 알코올중독이 나의 능력을 오랫동안 회의적으로 만들게 할 것이라는 걸 미처 몰랐다. 그때는 알코올중독 환자가 그렇게 까다로울 거라는 것도 미처 알지 못했다. 남자는 확실히 나보다 기분이 좋아 보였고 병원생활이 지낼 만하냐며 장난스럽게 대화를 시작했다. 나는 (별로 장난스럽지 않은 톤으로) 새벽 3시경에 잠에서 깨야 한다면 지낼 만하겠냐고 솔직하게 대꾸했고, 여기에 왜 왔는지 물음으로써 대화의 주도권을 잡았다.

그는 미리 준비한 듯 청산유수로 설명했다. 술을 좀 마셨는데 술집에서 가벼운 싸움이 벌어졌고 쓸데없이 경찰이 와서는 경찰 유치장과 정신병원 중 하나를 고르라며 완전히 정신 나간 양자택일을 제시했단다. 그래서 당연히 정신병원을 선택했다며 나를 보고 환하게 웃었다. 마치 그는 병원을 선택해줘서 고맙다는 따스한 인사를 기대하는 사람처럼 보였다. 나는 환자에게 늘 개방적이지는 않았지만 적어도 진솔하게 대했다. 이 남자가 지금 농담을 하는 건지 진담을 하는 건지 확신이 서지 않아 일단은 그의 방문을 따스하게 받아들이기로 했다. 그리고 시간을 아끼기 위해 곧장 목표를 향해 출발했다. "그러니까 알코올중독자시네요." 환자는 펄쩍 뛰었다. "어떻게 그런 생각을 하실 수 있으세요?" "이 시간에 술 냄새를 풍기며 수송되어온 사람은 대부분 알코올중독자니까요." 나는 솔직하고 친절하게 대답했다. 그는 다시 느긋하게 대답했다. "충분히 이해가 됩니다. 하지만 잘못 짚으셨어요. 저는 알코올중독자하고는 멀어도 한참 먼 사람입니다. 저도 여기 있는 게 누구보다도 싫습니다. 할 수만 있다면 지금 당장 집으로 가고 싶어요. 솔직히 선생님도 어쩌다 한 번씩은 술을 좀 과하게 마실 때가 있잖아요. 저도 가끔 한 번씩 술을 좀 과하게 마십니다.

사는 게 다 그렇죠, 뭐. 그러니까 우리는 둘 다 알코올중독자가 아닌 거다 이 말씀……." 환자는 싱긋 웃으며 나를 빤히 쳐다보았다.

발그레한 낯빛 외에도 알코올중독자의 전형적인 증상들이 여럿 보였다. 길게 논쟁을 벌일 생각도 없어서 곧장 본론으로 들어갔다. "직장에서 징계받은 적 있죠?" "네, 1년 전쯤에." "술 때문에요?" "네, 하지만 좀 억울하게 당한 경우라니까요. 회사 창립 잔치였는데 모두가 취했었단 말입니다. 나만 재수 없게 보스한테 찍힌 거예요. 뭐 어떤 식으로든 좀 튀었겠죠. 하여간 그 꼬장꼬장한 늙은이가 다짜고짜 징계를 내리더라고요. 내 참 더러워서……." "결혼하셨어요?" "네." "부인께서 이혼하자고 한 적은 없나요?" 환자는 믿기 어렵다는 듯 신기하게 쳐다보았다. "그걸 어떻게 아셨어요?" "술 때문에 그랬나요?" "아 글쎄, 그게 얼마나 고약한 일이었냐 하면요, 직장에서 좀 안 좋은 일이 있었어요. 동료와 좀 다퉜는데 그 일로 밤에 꼭지가 돌게 마셨죠. 어떻게 집에 와서 잠이 들었는지 모를 정도로요. 그리고 다음날 아침에 아내가 그러더군요, 더는 고주망태와 침대를 같이 쓰고 싶지 않다고요. 완전 쇼크였죠. 아내를 얼마나 사랑하는데 이혼이라니요, 마음이 너무 아팠습니다. 사실 아내가 이혼 얘기를 꺼낸 건 그날이 처음은 아니었어요. 30년이나 잉꼬부부로 살아왔고 늘 성실한 남편으로……." "운전면허증이 취소된 적이 있나요?" "네……." "술 때문에요?" "네, 그게 말이죠, 동호회 뒤풀이를 끝내고 집으로 가는 길이었는데 500미터도 채 안 되는 거리였다고요……." 환자는 갑자기 말을 멈췄다. 당혹스런 표정에 정신을 차리려 애쓰는 빛이 역력했다. 의미심장하게 이마를 찌푸리며 내 팔을 잡았다. 그리고 대단한 것을 발견한 듯 진지하게 중얼거렸다. "선생님, 정말 이상하네요. 또 술이네요. 술이 문제긴 한 것 같은데……." 나는 솔직하게 그렇다고 말했다. 그러고는 나는 잠을 좀 자야겠고 그는 술을 깨야 하니 다음날 다시 맑은 정신으로 찬찬히 얘기하자고 제안했다. 환자는 고분고분 내 말을 따랐다. 그는 깊은 생각에 빠져 간간이 고개를 저으면서 여전히 약간 비틀대는 걸음으로 잠을 자러 갔다.

중독감지기 3종세트

알코올중독의 진단은 기본적으로 환자 자신만이 할 수 있다. 알코올중독자들의 과거 술 소비량을 측정하는 방법이 개발되긴 했지만 실제로 술 소비가 정신병이나 알코올중독과 관련이 있는지는 확실하지 않다. 게다가 자유의지로 술을 마셨는지, 거부할 수 없는 상황에 눌려 마셨는지는 실제로 환자 자신만이 안다.

알코올중독자와 의사에 관한 격언 하나가 있다. "알코올중독자는 술 때문에 의사에게 가고 의사는 알코올중독자 때문에 술을 마신다." 알코올중독자는 자신이 중독자임을 인정하지 않으려 한다. 그리고 의사들은 자기가 시키는 대로 환자가 고분고분 따르게 하는 노하우를 이미 수백 년 전부터 갖고 있었다. 그러나 이 노하우가 알코올중독자에게는 통하지 않는다. 그래서 의사가 가장 꺼리는 환자가 바로 알코올중독자다. 알코올중독자는 술을 절대 마시지 않겠다고 자신과 의사에게 굳게 약속한다. 하지만 그 약속은 쉽게 술에 녹아버린다. 그리고 환자 본인뿐 아니라 가족들과 의사 모두가 절망한다.

실제로 알코올중독에 대해 자세히 모르는 의사들도 많다. 이들은 "알코올중독은 아니에요. 간수치가 끄떡없어요!"라는 반가운 메시지를 전한다. 하지만 간수치는 알코올중독과 상관이 없다. 알코올중독자가 아닌데도 술을 약간만 마셔도 간수치가 올라가는 사람이 있는가 하면 술독에 빠져 사는데도 간수치는 동정녀처럼 깨끗한 사람도 있다. 음주량보다 술을 왜 마시느냐가 더 중요하다.

남유럽 사람들은 식사 때마다 포도주를 마시지만 알코올중독이라 불릴 만큼 통제 불능의 음주는 드물다. 문제는 개인화에 있다. 나와 다른 사람이 아닌 나와 냉장고의 관계. 개인화로 여럿이 함께 모여서 하는 식사문화가 사라졌다. 말하자면 과음과 과식이 증가하는 중요한 한 원인이 바로 식사문화의 붕괴다.

그러므로 음주량 하나만으로 알코올중독을 다루어서는 안

된다. 물론 맥주 한 잔에 알코올중독자가 되지는 않겠지만, 어쨌든 음주량을 따지는 일은 쓸데없는 일이다. 실제로 얼마나 마셨는지는 알기 어려울 뿐더러 중독과 관련도 없다. 퀼른 출신 환자라면 술을 얼마나 마셨는지 알아내는 일이 그리 간단하지 않다. 이들에게 술을 얼마나 마시냐고 물으면 버럭 화를 내며 딱 잡아뗀다. 이때 재치있게 '쾰쉬(쾰른 맥주를 일컫는 사투리—옮긴이)'를 얼마나 마시냐고 물으면 이러한 대답을 들을 수 있다. "아하, 쾰쉬요? 글쎄요, 얼추 하루 한 짝……." 또한 대부분의 교양있는 할머니들도 술에 대해 물으면 발끈한다. "도대체 무슨 생각을 하시는 거예요, 선생님! 한 방울도 입에 대지 않습니다!" 그러면 가능한 한 아무렇지도 않게 '수도원 약즙'은 하루 얼마나 마시냐고 다시 묻는다. 그러면 흔히 엄청난 양을 댄다. "매일 한두 병!" 수도원 약즙으로 통하는 이 술은 독일에서 가장 독한 증류주로 알코올 성분이 79퍼센트다! "마시면 정말 좋아요……. 차나 커피에 타 마셔도 좋고……. 솔직히 몸에도 좋다니까요……." 사실 이 귀여운 할머니는 인사불성으로 술을 마시곤 했다. 하지만 여러 해 훈련을 받은 후 지금은 비교적 꼿꼿하게 걷는다. 그러나 가슴 아프게도 할머니 앞에는 이제 힘든 금단 현상이 기다리고 있다.

알코올중독 진단에서 음주량이나 간수치 혹은 다른 측정 수치들은 그다지 중요하지 않다. 술에게 자기주도권을 빼앗겼는지, 그리고 어쩔 수 없이 마신 술 때문에 인생이 피폐해졌는지가 알코올중독과 훨씬 관련이 깊다. 술에 대한 거부할 수 없는 욕구, 술에 대한 통제력 상실, 그리고 금단현상이 중독의 표시다. 흔히 알코올중독자들은 일반인보다 술이 세다. 지친 간이 알코올을 보다 빨리 분해하기 때문이다. 그러나 이들은 끝까지 중독을 인정하지 않으려 한다. 그래서 직장, 아내, 운전면허증의 '3종세트 감지기' 질문은 매우 유용하다. 직장의 중요성을 굳이 말하지 않아도 된다. 그렇게 중요한 직장에서 술 때문에 징계까지 받았다면 음주습관에 문제가 있는 것이다.

부부관계는 행복한 삶의 중요한 전제조건이다. 음주로 부부관계를 해친다면 그것은 술이 배우자보다 더 중요해졌다는 간접적 증거인 셈이다. 또한 운전면허증의 의미도 얕잡아볼 수 없다. 운전면허증은 이동의 자유다. 음주로 이 자유를 빼앗긴다면 자유보다 술을 더 중히 여긴다는 증거다. 술에게 주도권을 빼앗겼음을 증명해보이기 위해 나는 이렇게 설명한다. "'지금 당장 요구르트를 끊으세요. 안 그러면 큰일 납니다.'라고 한다면 당신은 아무 문제 없이 당장 요구르트를 끊을 겁니다. 하지만 술이라면 문제는 달라지죠. 벌써 술 때문에 직장과 부부관계에 문제가 생겼고 운전면허증까지 포기했는데도 말이죠. 어때요, 확실히 요구르트와는 다른 관계를 술과 맺은 거 맞죠?" 그러면 자신이 알코올중독자임을 부정했던 환자들은 자신의 음주습관에 문제가 있다고 고백한다. 이러한 명확한 자기 진단이 내려져야 지속적인 치료를 시작할 수 있다.

정신병원과 마피아의 공통점

치료는 금단으로 시작된다. 독성 제거가 금단의 제1단계다. 이 기간은 대부분 며칠이면 끝난다. 독성이 제거되면 육체적 금단증상을 치료한다. 땀 흘리기, 불안, 떨림, 공포, 불면증 등의 가벼운 금단증상이 있는가 하면 위험한 금단증상도 있다. 간질성의 금단발작과 이른바 '허깨비를 본다'는 진전섬망증은 특히 위험한 증상이라 이것을 막아주는 금단 약을 처방한다. 어떤 증상이 먼저 올지는 환자마다 다르고 금주 경험이 없는 환자라면 솔직히 미리 짐작할 수도 없다. 금단 약으로는 주로 진정효과와 발작을 막아주는 '벤조디아제핀'과 진전섬망증 치료제인 '디스트라노이린'을 처방한다. 두 약품 자체에는 중독성이 있기 때문에 엄격히 통제하여 처방하고 아주 짧은 기간만 처방할 수 있다. 금단에 의한 발작은 간질병이 아니기 때문에 금단만 아니면 발작은 일어나지 않는다.

훨씬 위험한 증상이 극도의 흥분상태인 섬망증이다. 섬망증은 신체질환이 원인이 되어 정신병으로 번진 경우로 그 원인이 매우 다양하다. 그러나 알코올 금단에서 가장 흔하게 섬망증을 본다. 이 증상은 치료하지 못하면 죽을 수도 있기 때문에 매우 위험하다. 위험성과 어울리지 않게 섬망증은 매우 재미있는 일들을 많이 발생시킨다. 섬망 상태의 환자는 꿈꾸는 상태에 있는데, 나중에 정신을 차린 다음에는 거의 기억을 하지 못한다. 혼미한 상태에서 환자는 묻는 말에 대답도 하고 시키는 대로 움직이기도 한다. 섬망증 환자가 침대에 누워 열심히 강의를 했던 기억이 난다. 그는 아무것도 적혀 있지 않은 빈 종이를 들고, 있지도 않은 텍스트를 읽어주었다. 목을 가다듬은 후 가장 잘 준비된 자세로 앞뒤가 맞지 않는 환상적인 텍스트를 정성스레 읽었다. 섬망증 환자는 종종 환상을 본다. 작은 동물, 하얀 쥐 혹은 그와 비슷한 허깨비들을 본다. 이것은 확실히 환자를 불안하게 만든다. 물론 아주 희한한 상황을 보는 환자들도 많다. 인턴 시절의 일인데, 회진 중에 치프가 섬망증 환자에게 여기가 어디냐고 물었다. 환자는 불안한 시선으로 굳게 닫힌 정신병동의 복도를 한참 보더니 자신 없는 눈빛으로 대답했다. "제과점?" 치프는 자신의 의사가운을 가리키면서 계속 물었다. "그럼 난 누굴까요?" 환자는 이제 확실해졌다는 듯 자신있게 외쳤다. "당연히 제빵사죠!" 치프는 질문을 그만두었고 우리는 웃음을 참느라 고생을 했다.

또 어떤 환자는 병원을 기차역으로 생각하고 병실에 와서 자꾸 표를 끊으려 했다. 호수에 다녀온 적이 있는 어떤 환자는 증기선을 탔다고 생각했고 물길이 거친 지역을 통과 중이라며 벽을 따라 달린 손잡이를 부여잡고 열심히 중심을 잡았다. 섬망 상태의 환자들은 온순하고 겁이 많으며 공격성은 거의 없다.

의대 마지막 학기 실습 때 있었던 일화도 있다. 나는 새로 생긴 종합병원의 작은 정신병동에 배정되었고 아이펠 골짜기에서 온, 괴짜이지만 무척 명랑한 환자를 맡았다. 그는 매우 독특한 환상을 보곤 했는데 난쟁이가 자꾸 나타난다는 것이었다. "머리는 유리로 되어 있는데 그 안에 작은 톱니들이 가득해요. 그런데요, 선생님, 유리 머리를 박살내고 싶어 죽겠어요……." 아침 회진 때 병실에 들어가니 온통 카오스였다. 침대 매트리스는 들춰져 있고 베개와 이불은 바닥에 널려 있었다. 그는 난쟁이를 쫓는 중이었다. "난쟁이가 지금 어디 있죠?" 치프가 물었다. 환자는 창문을 가리켰다. "저 위에요, 저기 창문에 붙어 있어요……." 그에게는 신경안정제 처방이 내려졌다. 그리고 나는 매일 면담을 하면서 그의 광기가 언제 사라지는지 관찰을 해야 했다.

며칠 만에 환자는 약간 안정이 된 듯했다. 환자의 분노는 사라졌고 난쟁이가 사라진 것이 혹 불안하지는 않은지 미심쩍게 물으면, 원래부터 난쟁이가 없었던 게 아닌가 싶다고 대답했다. 나는 오스카 수상자만큼이나 뿌듯했다. 치료는 확실히 진전을 보였고 환자는 편안해 보였다. 며칠 후 알코올중독자가 그와 같은 병실을 쓰게 되었다. 이 병원은 평범한 생활처럼 혼합원리가 통용되어 병에 따라 병실을 분류하지 않았다. 그런데 미처 생각지도 못한 일이 벌어지고 말았다. 알코올중독자가 입원한 다음날 아침, 성공적으로 치료가 진행 중인 '유리머리 난쟁이' 환자와 일상적인 아침 면담을 시작했다. 그런데뭔가 달라진 느낌이었다. 그는 어쩐지 다시 전투적으로 변해있었고 정신병자 특유의 의미심장한 미소가 그의 입가에 돌았다. 자리에 미처 앉기도 전에 그는 흥분해서 외쳤다. "선생님,이제 확실해졌어요. 다른 환자도 그걸 봤어요!" 나는 깜짝 놀랐다. "다른 사람이 뭘 봤다고요?" "나 참, 난쟁이요!" 환자는환희에 차서 외쳤다. 모든 가능성을 예상했지만 그것은 미처생각지도 못한 일이었다. 나는 벌떡 일어나 그와 함께 병실로달려갔다. 알코올중독자는 아직 침대에 있었다. 그런데 어제와는 사뭇 달랐다. 어제는 그저 몸을 떨기만 했는데 지금은 떨림이 더욱 심해졌을 뿐 아니라 이불을 둘둘 감고 이상한 자세로 웅크리고 있었다. 환자는 땀범벅인 얼굴로 멍하니 불안하게 병실을 둘러보았다. "뭘 보셨다고요?" 나는 물었다. 그러자환자가 손으로 둥근 머리를 그려 보이며 말했다. "이렇게 작은 난쟁이를 보았어요. 머리는 유리로 되어 있고 그 안에 작은톱니들이 아주 많았어요⋯⋯." 아이펠 골짜기에서 온 환자가본 환상과 똑같았다. 나는 아주 짧은 순간 정말 난쟁이가 있는건 아닐까 하는 생각이 들었다. 그러나 전날 밤에 일어난 일을들은 후 모든 것이 확실해졌다. 알코올중독 환자가 섬망 상태에 빠졌고 그때 병실 동기로부터 난쟁이 이야기를 듣고는 모든 것을 그대로 받아들였던 것이다. 마피아 앞에서 서로 자기 말이 진실이라고 우기는 경우에 둘 중 하나는 거짓일 수밖에 없는 것처럼 정신병원에서도 마찬가지임을 환자에게 설명하는 일은 결코 간단하지 않았다.

또한 조금 더 복잡한 사례도 있다. 한번은 '파킨슨병'이 의심된다는 소견서를 들고 70대 할아버지가 병원에 찾아왔다. 소견서대로 환자는 신경이 매우 약해져 있었다. 휠체어에 앉아 온몸을 떨고 있었는데 어쩐지 떠는 모양이 이상했다. 파킨슨병 환자는 비교적 천천히 리듬에 맞춰 떠는데 그는 사시나무 떨듯이 바르르 떨었다. 질병의 전개 과정도 이상했다. 다소 갑작스럽게 석 달 전쯤부터 떨기 시작했고 주치의는 파킨슨병으로 진단하여 약을 처방했지만 떨림이 더 심해진 것이다. 우리는 환자의 병력을 자세히 조사하는 것으로 진찰을 시작했다. 그러고는 생각지도 못했던 사실을 알아냈다. 환자는 여러 해 전부터 벤조디아제핀을 복용했고 그 양도 계속 늘어났다. '수면제'를 아내에게서 얻었기 때문에 주치의는 그 사실을 알지 못했다. 그런데 석 달 전에 아내가 죽었고 오랫동안 수면제를 복용하지 못하게 되자 벤조디아제핀 금단현상이 온 것이다. 이것은 알코올처럼 곧장 나타나지 않고 대부분 끊은 지 몇 달이 지나서야 나타난다. 그는 불안과 공포로 잠을 설쳤으며 몸이 과하게 떨리기 시작했다. 견디다 못해 다시 벤조디아제핀을 먹었고 증상은 사라졌다. 그러나 양을 늘리지 않자 떨리는 증상은 더욱 심해졌고 마침내는 휠체어에 앉게 되었다. 여기에 주치의가 처방한 파킨슨병 약이 떨림을 더 악화시켰다. 그렇게 악순환이 계속되었고 결국에는 병원에 입원해야 하는 지경에 이르렀다. 여러 해 동안 벤조디아제핀을 복용하여 중독이 되면 약을 끊기가 어렵다. 금단현상이 너무 고통스럽기 때문이다. 그러나 부분적인 금단은 환자를 더욱 힘들게 하기 때문에 우리는 완전 금단을 진행했다. 환자는 섬망 상태에 빠지기도 했고 밤이면 침대 밑에 내려가 굴을 파려 애쓰기도 했다. 그러나 마침내 금단현상은 끝이 났고 환자는 혼자 힘으로 일어서서 다시 걸을 수 있었다. 교양있는 노신사로 돌아가 병원치료에 깊이 감사해하며 비교적 호전된 상태로 휠체어 없이 퇴원했다.

어쨌든 벤조디아제핀 중독은 의사들의 책임이다. 경솔한 처방으로 중독을 방조하는 의사들이 매우 많다. 물론 환자들의 책임도 있는데, 환자들은 때때로 불면증을 확실히 고쳐야 한다고 의사에게 으름장을 놓는다. "내가 아는 어떤 사람은 주치의가 준 약을 먹고 바로 불면증이 나았어요. 선생님도 물론 고칠 수 있으시겠죠?" 한 번에 불면증이나 불안을 없애는 약을 원하는 일은 중독자가 되기를 요청하는 것과 마찬가지다. 진통제 중독이 생기는 것도 마찬가지다. 고통을 없애기 위해 먹은 진통제가 다시 고통을 낳고 그래서 다시 진통제를 먹는 악순환은 결국 금단치료로 이어질 수밖에 없다.

약중독은 알코올중독과 치료 과정이 비슷하다. 알코올 및 약중독자를 위한 상담소는 치료정보를 제공하고 동기를 부여하며 그 밖의 모든 일을 조직 관리하므로 도움을 받을 수 있다. 병원에서 독소 제거를 끝낸 후에는 잘 알려진 믿을 만한 자조집단을 방문할 수 있다. 또한 통원치료나 낮 동안만 입원하는 병원 장기치료를 겸할 수도 있다.

거룩한 맹세는 중요하지 않다

알코올중독을 치료하려면 어떻게 해야 할까? 중독의 치료가 환자의 선택에 달렸다고 본다면 특히 치료사와 환자 사이의 협력 관계가 중요하다. 인턴 시절에 알코올중독자와 아주 독특한 경험을 한 적이 있다. 상반되는 두 경우로, 중독사실을 끝끝내 부정하는 환자와 스스로 중독이라 확신하고 병원에 온 환자에 관한 얘기다. 중독사실을 끝끝내 부정하는 환자는 털털한 성격이었고 옛 친구에게 하소연하듯 나를 설득하기 위해 애썼다. "아 글쎄 선생님들도 다들 조금씩은 마시잖습니까." 초보 의사인 나는 그의 말에, 술이 초래할 수 있는 온갖 재앙들을 그럴듯한 위협을 담아 설명했다. 계속 술을 마시면 머지않아 죽어서 무덤에 누워 있을 거라는 위협도 추가했다. 그러나 환자는 눈썹 하나 까딱하지 않았고 나는 이러한 지긋지긋한 옥신각신에 서서히 인내심을 잃고 미칠 지경이었다. 그런 내 앞에서 환자는 느긋하고 다정한 음성으로 이렇게 대답했다. "뭘 그렇게 심각하게 생각하세요! 무슨 말씀인지는 잘 알겠는데요, 어쨌든 난 알코올중독자가 아니라니까요." 한참 후에야 나는 그가 몇 년 동안 그런 위협들을 지겹게 들었으리라는 것을 깨달았다. 이를테면 아내, 친구, 가족들은 술에 대해 얘기할 때마다 필사적으로 강도를 높여 위협했을 테고 그럴수록 환자는 그런 위협을 무시해버리는 노하우를 키웠을 것이다.

정반대의 경우인, 스스로 중독이라 확신하고 병원에 오는 환자도 독특하긴 마찬가지였다. 그는 선한 얼굴로 내 앞에 앉아 '술을 끊을 수가 없는' 자기 상황을 미리 준비한 듯 조리 있게 설명했다. 자신은 알코올중독자이고 '마시고 싶은 충동'을 누르지 못해 자꾸 마시게 되는 거라고 말했다. 그리고 약간 가르치는 톤으로 밝히기를, 조금 있으면 알코올중독자의 전형적인 상태인 '통제 불능'에 이를 테고 그것을 막고자 병원에 왔다고 말했다. 이제 어떻게 해야 할까? 당신이 의사라면 이런 환자에게 뭐라고 하겠는가? 그는 이미 다 알고 있다! 중독임을 열심히 주지시켜야 하는 풋내기 환자보다 벌써 다 알고 찾아온 환자가 내게는 더 당황스러웠다.

오늘날의 치료 관점에서는 두 경우 모두 환자의 책임과 선택의 자유를 강화한다. 그래서 우리는 환자와 협력관계를 맺고 현재 환자가 갖춘 능력을 찾아 거기에 스포트라이트를 비춘다. 환자들은 대개 의사들의 이러한 태도에 익숙하지 않다.

그들은 의사들도 다른 사람들과 똑같은 질문을 할 거라 예상한다. 그러나 "왜 또 술을 마셨죠?"라는 식의 질문은 아무런 도움이 못 된다. 지겹게 들었던 질문이라 주의를 끌지도 못할 뿐더러 '죄'를 낱낱이 고백하게 하여 환자에게 수치심만 준다. "그동안 어떻게 술을 참으셨어요?" 이러한 질문이 훨씬 바람직하다. 절망에 빠진 대부분의 환자들은 의기소침해질 수밖에 없는 질문을 받을 것이라고 예상하고 있다가 의외의 질문을 받으면 솔직해진다. "술이 있어야 마시죠." 이때 의사가 "하지만 술이 어디 있는지 우리 둘 중 한 사람이 안다면, 그것은 분명 당신일 겁니다."라고 여전히 친절하게 응수하면 환자는 고개를 끄덕이며 설명한다. 아내와 아이들을 생각하니 치료를 받아야겠다는 생각이 들었다며 환자는 눈시울을 적신다. 의사는 다시 당당히 서기 위해 고통과 전투를 잘 이겨내고자 하는 환자의 모습에 완전히 매료될 것이다. 이러한 대화는 환자가 깊은 수렁에서 의사를 올려다보게 하지 않는다. 의사와 환자는 같은 눈높이에서 함께 뭔가를 이루어내는 관계다.

의사는 현대 의학의 수준에서 환자의 상태와 가능한 치료법을 객관적으로 설명하고 가장 유용하다고 여기는 치료법을 환자 스스로 선택하도록 해야 한다. 이때 환자는 의사들이 사용하는 용어들에 얽매일 필요는 없다. '알코올중독자'냐 혹은 '알코올과 문제가 있는 정도'냐는 가능성이 활짝 열려 있는 치료에서는 그다지 중요하지 않다. 또한 영원히 술을 끊을 것인지 아니면 일단은 특정 시기 동안만 술을 끊을 것인지 결정하는 것도 중요하지 않다. 이미 결정된 치료법을 그냥 받아들인 것이 아니라 충분한 설명을 듣고 도움이 될 만한 치료법을 환자 스스로 선택했다는 느낌, 그것을 공공연히 말할 수 있는 느낌이 중요하다. 앞으로 술을 마시지 않겠다는 거룩한 맹세가 중요한 것은 아니다. 정말 중요한 것은 환자에게 술을 마시는 대신에 도대체 뭘 할 수 있고 혹은 뭘 하고 싶은지 묻고 대답을 듣는 일이다. 술을 마시는 이유는 흔히 삶의 문제, 불안, 심심함 등 때문이다. 만약 무작정 술을 끊는다면 삶의 문제, 불안, 심심함은 여전히 남아 있고 단지 술만 없다. 이런 방법으로는 상황을 호전시키지 못한다. 어쨌든 술은 삶의 문제, 불안, 심심함에 지금까지 도움을 주었다. 그렇다면 이제 무엇으로 술을 대신할 것인가?

의사는 환자의 중독 때문에 흔히 오랫동안 함께 고통을 받아온 가족들과 연계하는 것이 중요하다. 그러나 치료의 책임은 여전히 환자에게 있다. 이것만은 확실히 해야 한다. 환자의 가족은 대개 드라마처럼 '삼각관계'로 구성된다. 환자의 이름이 '빌리'라고 하면, 우리의 빌리를 구출하기 위해 몸을 던지는 '기사'가 있다. 기사는 빌리에게서 술병을 빼앗고 아침마다 회사에 전화를 해서 '독감' 때문에 출근을 못한다고 핑계를 대준다. 그리고 이웃, 친구들 앞에서도 빌리를 결코 부끄러워하지 않는다. 흔히 아내가 여기에 속한다.

그 다음에는 '추격자'가 있다. 이들은 대부분 정년퇴임한 '추격자'로, 여러 해 동안 빌리를 구하기 위해 애썼지만 매번 맹세가 지켜지지 않아 실망만 반복하다 결국에는 화만 남았다. 기사와 추격자 사이에는 격렬한 전투가 벌어진다. 빌리가 계속 술을 마시도록 내버려둔다며 추격자는 기사를 나무란다. 완전히 틀린 말은 아니다. 또한 기사는 자기 입장에서 추격자를 나무란다. 빌리를 계속해서 냉소하고 비판함으로써 술을 더 많이 마시게 한다는 것이다. 이 역시 완전히 틀린 말은 아니다. 그래서 기사와 추격자는 격렬하게 전투를 하느라 빌리에게는 신경을 못 쓴다. 그래서 빌리는 계속 느긋하게 술을 마신다. 기사와 추격자 모두 정신을 차려야 한다. 술 때문에 문제인 사람이 도대체 누구인지 똑바로 보고 빌리에게 시선을 맞춰야 한다. 치료를 결정할 사람은 빌리이며 그럴 때만이 치료에 성공할 수 있다.

직장, 아내, 운전면허증이 감지기 3종세트라고 할 때, 술이 문제라고 깨닫게 되는 가장 유력한 곳은 직장이다. 아내는 환자와 감정적으로 매우 가깝기 때문에 기본적으로 환자에게 문제를 직접 대면시키기가 힘겹다. 술 때문에 운전면허가 취소된 사람이라면 이미 남의 목숨을 위험하게 했던 사람이다. 그렇기 때문에 회사 차원에서 중독자를 돕고, 동료를 중독에서 벗어나게 하고, 상사로서 문제를 지적하는 것은 매우 중요하다. 알코올중독자는 종종 인기가 많은 좋은 동료일 때가 있다. 그래서 무의식적으로 그의 문제를 지적하고 싶어하지 않고 정에 치우쳐 중독사실을 감춰주거나 관대하게 넘기는 경우가 많다. 그러나 알코올중독자는 언젠가는 도를 넘어 신뢰를 떨어뜨리고 분위기를 망친다. 결국 동료들의 이해심도 바닥난다. 따라서 본인이 인정하지 않더라도 사장이 제때에 냉철하게 판단하여 중독 상황을 지적하고 치료를 제안해야 한다. 그런데도 당사자가 전혀 변하지 않는다면 노동법에 따라 처리할 결심도 해야 한다. 그것은 회사를 위한 일이기도 하지만 중독자 당사자를 위해서도 좋은 일이다.

예민한 중독자들이 치러야 할 대가

옛날에 중독자는 정상인들로부터 죄인처럼 경멸을 받았다. 그런데 아우구스티누스의 대담한 어머니 모니카는 때때로 술에 취해 돌아다녔다. 아우구스티누스는 세계 최초의 심리서적이자 자서전인 『고백』에서 이렇게 밝혔다. "어머니는 소녀 시절에 벌써 재미삼아 금지된 포도주를 홀짝거렸고 결국에는 물도 섞지 않은 순도 100퍼센트 포도주를 거의 한 잔 가득씩 마셨다." 19세기에 생긴 알코올중독자 치료기관은 '술 죄인'을 회개시키기 위해서 만들어졌다. 경멸, 수치, 창피함. 이것들은 오늘날에도 여전히 자신의 중독을 정면으로 바라보지 못하게 방해하는 주요 장애들이다.

그러나 중독은 죄가 아니다. 또한 누구에게도 책임이 없는 유전 요소도 있다. 누구든 중독이라는 비극적 상황에 빠질 수 있다. 중독되기 쉬운 유난히 예민한 사람들도 있다. 아무렇지 않게 시체를 넘어갈 수 있는 냉정하고 무딘 사람은 중독자가 되지 않는다. 밝은 곳에서는 도달하기 어려운 목표로 등을 떠밀고, 실패한 사람은 암흑과 변두리의 좁은 틈바구니로 밀어 넣는 정상사회의 어두운 그림자가 바로 중독 조종자다. 정상사회에는 예민하고 감성이 풍부한 사람에게 내줄 자리가 없다. 인간적인 온기가 점점 떨어지는 세상에서 아무 문제 없이 잘만 살아가는 쿨하고 냉정하며 뻔뻔한 사람들이 정상사회의 생존기술자다. 종종 중독자들이 인간적인 온기를 더 많이 발산한다. 이들은 흔히 정상인보다 세심하게 남을 배려한다. 그리고 한편에서는 남을 배려할 줄 모르는 공격적인 정상인들이 이들을 중독으로 밀어넣는다. 그럼에도 불구하고 치료는 너무나 당연하게 환자의 책임에만 집중한다. 이러한 관점은 결코 옳지 않다. 대부분의 중독자들이 힘들게 버텨온 삶의 역사를 추적한다면 실패할 때마다 다시 새롭게 시작한 그들의 초인적인 노력에 경의를 표하게 될 것이다.

환자의 능력에 시선을 맞출 줄 아는 사람은 중독자에게서 풍부한 보물들을 발견한다. 대부분의 사람들은 노숙자나 알코올중독자를 아무것도 할 수 없는 사람, 완전히 실패한 사람으로 여긴다. 그러나 자세히 들여다보면 다른 그림이 보인다. 겨

울에 딱 일주일만 쾰른의 노숙자로 지낸다고 상상해보자. 매일 밤 새로운 잠자리를 마련하고 금단증상을 막기 위해 먹을 것과 마실 것을 제대로 마련하기란 결코 쉬운 일이 아닐 것이다. 그러려면 좋은 사회적 관계를 유지해야 하고 매일 잘 관리해야 한다. 어떤 정상인도 이렇게 하기는 어렵다. 이것을 알고 그런 환자들을 보다 가치있게 대한다면, 협력적인 치료관계는 저절로 형성된다. 장애인에 노숙자인 심각한 알코올중독자를 치료한 적이 있는데, 그는 구걸로 돈을 벌었고 매일 구걸을 나가야 했기 때문에 병원에 오래 입원해 있지 못했다. 그러다 보니 제대로 치료하기가 어려웠고 결국 퇴원하더라도 금방 다시 재발하여 찾아오곤 했다. 우리는 '완벽한 해결책'을 찾아냈다. 그는 오전에는 병원에서 치료를 하고 오후에는 거리에 나가 '일'을 했다. 마침내 그는 충분히 오랫동안 병원에서 치료를 받을 수 있게 되었다. 중독자와 관계를 많이 맺다보면 그들을 존중하는 마음이 저절로 생긴다. 그리고 '저기 있는 저 중독자' 보다 자기가 훨씬 낫다고 말하는 모든 냉정한 정상인들이 부끄러워진다.

1968년에야 비로소 독일은 알코올중독을 질병으로 인정했다. 마침내 중독자들은 죄인이 아니라 환자로 인정을 받았고 치료의 권리를 얻었다.

알코올중독은 심각한 질병이다. 환자가 스스로 목숨을 끊을 위험이 매우 높다. 간만 상하는 것이 아니라 신체의 모든 기관이 상한다. 알코올중독의 유형은 매우 다양하다. 삶의 문제 때문에 괴로워서 마시기, 기회가 있을 때마다 마시기, 보다 심각한 유형으로는 폭음을 동반하는 만성 알코올중독, 결코 과하게 마시지는 않지만 그렇다고 맨 정신도 아닌, 이를테면 혈중알코올농도를 꾸준히 유지하는 음주, 그리고 과음 후에 한동안은 쉬다가 다시 과음을 하는 이른바 쿼터 음주. 어쨌든 술에도 남녀의 차이가 있는데 평균적으로 남자들이 여자들보다 3배는 더 많이 마신다.

알코올중독에도 몇몇 이상한 현상이 있다. 수년간 알코올중독에 빠져 있는 사람은 알코올환청을 듣기도 한다. 환자는 누군가의 목소리를 듣는데, 심지어 전기코드나 어떤 물건의 목소리도 듣는다. 정신병자의 환청과 달리 이들은 그것이 환청이라는 것을 잘 안다. 그렇더라도 신경이 쓰이고 불안하기는 마찬가지다. 내가 치료한 어떤 환자는 콜라 캔에서 죽은 약혼자의 음성을 늘 들었다.

환자를 더욱 불안하게 하는 질병은 이른바 코르사코프증후군(기억력 장애, 시간적 · 공간적 짐작이 곤란한 짐작의식의 장애, 건망증 · 작어증(作語症) 등의 여러 증세를 나타내는 증후군–옮긴이)이다. 사람들은 이 병을 두고 "까마귀 고기를 먹었다."라고 말한다. 정확히 말해서 환자는 '건망증' 때문에 갑자기 길을 잃거나 특히 바로 직전의 사건들을 기억하지 못한다. 치매와 달리 지능은 떨어지지 않는다. 그리고 섬망 상태와 달리 의식이 희미해지지 않고 환청을 듣지도 않는다. 코르사코프증후군은 종종 비타민 B₁ 부족이 생기기 때문에 급성일 때는 비타민 B₁을 다량 처방한다. 그러나 효과는 매우 느리다. 종종 여러 달 후에야 호전 기미가 보이기 시작한다. 그러나 대부분의 환자는 이러한 상태에서 더는 헤어나지 못하거나 알코올치매로 생을 마감한다. 영화배우 하랄트 윤케는 말년에 알코올중독 때문에 심각한 방향감각 및 기억상실을 앓았다. 환청이나 건망증은 신체기관의 문제 때문에 생기는 정신장애다. 물론 이러한 장애를 일으키는 원인은 술 말고도 매우 다양하다. 술 때문에 어떤 신체기관이 가장 피해를 입을지는 주로 유전자에 달렸다.

불법 마약에 중독된 사람은 대부분 다른 중독자들과 잘 지내지 못한다. 이들은 특히 정상인들의 눈엣가시다. 마약중독자는 대개가 직장생활 경험도 없는 피폐한 젊은이들인데, 이들은 아주 짧고 강하게 전해지는 전율을 위해, 오로지 그 짜릿함을 위해 산다. 그러나 곧 이들에게 남는 건 금단에 대한 두려움뿐이다. 마리화나, 하시시 같은 마약은 확실히 헤로인보다는 덜 파괴적이다. 하시시가 신체에 미치는 해악은 심지어 알코올보다도 낮다. 이것은 하시시의 무해함에 대한 최근 연구에 의해 밝혀졌다. 그렇다고 이것이 하시시를 해도 되는 동기를 제공하지는 않는다. 왜냐하면 하시시는 알코올과 달리 강력하고 인위적인 의식변화를 일으키기 때문이다. 이것은 엄청난 위험을 초래한다. 여러 마약 초보자들에게 운명적 비극을 안겨주는 것이 바로 하시시이기 때문이다.

하시시는 비교적 다른 마약보다 끊기가 쉽다. 금단증상이 다른 마약에 비해 약하기 때문이다. 이에 반해 헤로인은 중독성과 금단증상이 엄청나게 독하다. 게다가 중독도 아주 빨리 된다. 언젠가 하시시에 중독되었던 아가씨를 치료한 적이 있는데, 그녀는 어느 날부터 헤로인을 시작하더니 갑자기 변했다. 가족도 소용없었고 치료도 모두 거부했다. 그러나 거의 죽기 직전에 해독치료에 성공했고 마침내 금단치료도 해냈다. 그녀는 현재 행복한 엄마로 지내고 있다.

마약중독은 예방이 중요하다. 먼저 첫 번째 소비를 막아야 한다. 또한 마약을 대수롭지 않게 여기는 환경에서 청소년들이 자라지 않도록 주의해야 하고 '짜릿함'을 통한 수동적인 향유가 아니라 능동적으로 삶을 살도록 이끄는 것이 중요하다.

불법 마약도 나름의 역사가 있다. 19세기에 모르핀 사용자가 있긴 했지만 역시 19세기의 대표 마약은 아편이다. 서구 식민권력이 중국을 무장해제시키려고 이용했던 지옥 같은 아편 말이다. 영국은 아편을 계속 팔기 위해 중국 황제를 압박했고 마침내는 대대적인 아편전쟁을 두 번이나 치렀다. 결국 중국의 아편중독자들은 1억에 달했다. 역사의식이 있는 중국인들 사이에 유럽에 대한 냉소와 반서구적 경향이 만연한 것은 당연해 보인다. 1968년, 이른바 68혁명 세대의 '플라워 파워(샌프란시스코의 꽃이라 불렸던 히피족의 사랑 또는 라이프스타일을 의미하는 슬로건-옮긴이)'족들은 초강력 마약인 LSD를 했는데, 이 마약을 하면 사람들이 즐겨 꿈꾸는 환상의 세계가 순식간에 눈앞에 펼쳐진다. 그러다 약 기운이 떨어지면 갑자기 공포감이 밀려온다. 하시시도 괴로움을 주기는 마찬가지이고, 마리화나도 몇 주가 지나도록 피우지 않으면 패닉상태에 빠진다. 코카인은 부르는 게 값이라서 돈 좀 만지는 사람 혹은 그 무리에 속하고 싶은 사람들이 파티에서 사용하는 마약이었다. 신체에 미치는 해는 없지만 정신적으로는 엄청난 독이 되는 코카인은 의식을 변화시키는 모든 환각제, 합성 마약, 그리고 흥분제처럼 철저히 삶을 망가뜨린다. 중독자는 결국 지하세계에서 스스로 가루가 된다. 그러나 마약 소비자의 행복을 향한 잘못된 욕심 때문에 세계적으로 마약 소비가 증가하는 것이 아니다. 마약상의 돈을 향한 끝없는 욕심과 마약시장을 계속 어두운 곳에 감춰두려는 자들 때문이다.

헤로인은 바이에르 제약회사가 처음 개발했는데 마치 핑크빛 요구르트처럼 보인다. 19세기 말에 등장한 이 약은 기침과 통증을 멎게 하는 약이었다. 그것이 세계에서 가장 위험한 마약으로 변할 줄은 아무도 몰랐다. 헤로인은 딱 한 번만 먹어도 바로 중독이 될 수 있다. 중독이 강하고 빠른 만큼 신체적 금단증상 역시 가장 견디기 힘들다. 또한 합병증으로 위험한 정신병을 앓을 수도 있다. 현재 헤로인 금단에 대해 격렬한 논쟁이 벌어지고 있는데, 몇 해 전까지는 오로지 '냉정한 금단' 밖에 방법이 없었다. 즉 환자를 입원시키고 중독성이 있는 어떤 약도 주지 않으며 금단을 무조건 견디게 했다. 게다가 마약중독자를 위한 자조집단도 없어 장기적으로 꾸준히 치료하는 일이 쉽지 않았다. 죽을 때까지 마약을 다시는 쳐다보지도 않겠다는 거룩한 맹세가 물거품이 되는 건 두말하면 잔소리다. 잔인한 마약에 대응하기 위해 '잔인한' 치료법을 택했지만 그런 치료법은 있으나마나였다! 왜냐하면 그런 잔인한 치료를 선뜻 결심하는 환자는 거의 없었기 때문이다. 마약중독 사망자들은 극적으로 증가했다. 그래서 새로운 길이 모색됐다. 이를테면 강압적이고 잔인한 치료 코스를 버리고 이른바 '문턱이 낮은' 부드러운 치료법이 개발된 것이다. 대체마약요법이 그중 하나인데 이것이 바로 논란의 핵심이 되었다. 대체마약은 사실 헤로인보다 더 중독성이 높다. 하지만 그 대신 금단의 고통을 줄여주고 장기적으로는 헤로인을 메타돈으로 대체함으로써 중독 피해자를 범죄의 소굴에서 빼내올 수 있다. 사회의 범죄율을 낮추기 위해 환자에게 중독물질을 처방하는 것이 과연 의사로서 옳은 일일까? 어쨌든 대체마약요법으로 마약중독자들을 치료로 이끌고 그들을 고통과 죽음에서 지킬 수 있다. 그것이 더 중요한 게 아닐까? 환자들은 '잔인한 금단'을 무서워 피하는 대신 메타돈이 함께 하는 '따스한 금단'으로 쉽게 치료를 시작할 수 있다. 잠시 환상의 세계에서 벗어나 휴식을 하고 싶어 병원에 오는 환자들도 있는데, 그때 이들은 실로 오래간

만에 머릿속이 맑아지는 경험을 한다. 그리고 마약을 정말 끊어야겠다고 깊이 생각하게 된다.

돈이 인생의 의미와 행복을 만들어준다고 믿는, 소비에 미쳐 있는 모든 어리석은 정상인들에게 마약중독자는 이러한 생각이 극단에 이르면 인생이 어디로 향하는지 명확히 보여준다. 마약중독자는 짜릿함을 자기 힘과 돈으로, 마약으로 즐길 수 있다고 광신한다. 그리고 이러한 광신은 원색적이면서도 거칠게 정체를 드러낸다. 모든 인간에게 본질적으로 존재하는 심각한 문제들이 화장기 없는 민얼굴을 드러낸다. 철학자 카를 야스퍼스가 언급했듯이 죄, 싸움, 고통, 죽음은 인간이라면 모두가 겪어야 하는 피할 수 없는 한계 상황이다. 그래서 마약은 기껏해야 불안을 피하려는 인위적인 대답이며 점차 허무하게 사라지는 인생의 의미에 대한 회의적인 대답이다. 결국 마지막에 가서 마약중독자는 모두가 그리워하며 얻으려 애쓰지만 역시 미로이긴 마찬가지인 길로 들어선다. 중독은 완치가 없다. 마약중독은 사실 그 존재만으로도 정상 사회에게는 도발이다! 병리학자들의 생계를 위협할 정도로 미치도록 정상인 사회! 그러나 정상인들은 이러한 도발에 간단히 선을 그어 중독자들을 사회에서 제외시키려 한다.

오늘날 가장 빈번히 언급되는 이른바 물질성분과는 상관없는 '게임중독'도 돈으로 행복을 마련하려는 태도에서 비롯되었다. 내가 처음으로 게임중독 환자를 만났을 때, 그는 게임을 중단한 후유증으로 땀, 불안, 떨림 등의 격렬한 신체적 금단현상을 보였다. 나는 솔직히 처음에는 그것이 게임중독의 금단증상이 아니라고 믿고 싶었다. 그 사이 게임중독을 치료하는 전문적인 금단 프로그램도 개발되었다. 기본적으로 거의 모든 행동이 이와 같은 중독에 이를 수 있다고 생각하면 된다. 이때 어떤 중독이든 치료에서 언제나 중심에 두어야 할 질문은 "중독된 행위 대신에 중독자가 할 수 있는 것이 무엇인가?"이다. 이러한 의미있는 대체행위를 (다시) 찾는 데에 성공한 환자는 보다 빨리 중독에서 벗어날 수 있다.

정상인이 최선을 다해 추진하는 유토피아적 행복실현 프로젝트의 대가는 중독이다. 하지만 실패로 판결이 난 이 프로젝트는 인류가 존재하는 한 결코 끝나지 않을 것이다. 그리고 이 모든 현기증 나는 한심한 프로젝트 비용은 나날이 늘어나고 그 대가는 예민한 중독자들이 치를 것이다.

03

정신분열증
방황은 인간이라면 누구나 겪는 병

뭔가 의심스럽다. 이 책은 이상하다. 내 이름이 암호처럼 자주 등장한다. 심지어 어떤 이야기들은 작가가 전혀 알 수 없는 내 개인적인 경험을 상기시킨다. 왜 하필 내가 이 책을 손에 들었을까? 생각해보니 서점 주인이 나를 이상하게 살폈다. 뭔가 숨기는 것처럼 웃지 않았던가? 내가 이 책을 읽도록 배후에서 조종한 사람은 누구일까? 도대체 왜 내가 이 책을 읽어야 할까? 왜 하필 내가 정신병치료에 관한 책을 읽어야 할까? 나를 미치게 하려는 음모일까? 어떻게든 나를 정신병원에 보내려는 걸까? 어쨌든 나는 지금 이 책을 계속 읽고 있지 않은가! 책을 읽다보면 곧 비밀이 밝혀질까? 정신병치료의 안내를 읽고 있는 바로 지금, 누군가 들어와서 친절하고 다정한 목소리로 당장 병원에 가자고 하지는 않을까? 갑자기 배가 살살 아프다. 갑자기 왜 배가 아프지? 그러고 보니 이 방도 뭔가 이상하다. 창문 손잡이가 나를 가리키고 있다. 왜? 벽에 걸린 그림도 약간 기울어졌다. 내게 무슨 메시지를 전달하려는 걸까? 방에 있는 모든 물건들이 어떤 규칙에 따라 배열되었다. 또한 방금 전에 만났던 그 사람의 반응도 어쩐지 예전과 달랐다. 그가 한 말은 전혀 이상할 것이 없었지만 잘 생각해보니 목소리가 약간 떨렸던 것 같다. 이제 나는 책장을 넘겨야 한다. 그런데 왜 하필이면 지금 넘겨야 할까?

이 책을 계속 읽어야 할까? 지금 책을 덮어버리면 어떻게 될까? 뭔가 끔찍한 일이 생길 거라는 느낌이 든다. 하긴 벌써 오래전부터 그런 기분이 들었다. …… 그럼 드디어 때가 된 걸까? 이제 곧 끔찍한 일이 벌어지는 걸까? 모든 것이 불안하다. 뭔가 비현실적이다. 예전과 다르다. 도대체 어떤 음모가 숨어 있는 걸까? 나를 해코지하기 위해 누군가 뒤에서 일을 꾸미고 있는 걸까? 그렇다면 그자는 왜 모습을 드러내지 않는 것일까? 이 모든 음모의 원인은 무엇일까? 생각하면 할수록 서점 주인이 신경이 쓰인다. 그는 정말 이상하게 웃었다. 틀림없이 그 뒤에 음모를 꾸미는 자가 숨어 있을 것이다. 그래 확실하다. 그가 모든 것을 조종했다! 그가 모든 것을 조종하여 내가 이 책을 읽도록 만들었다. 그는 나를 미치게 할 작정이다. 나를 좌절시키고 끝장낼 작정이다. 여기 방에도 어떤 알 수 없는 기술로 몇몇 이상한 장치를 해두었을 것이다. 어쩌면 보이지 않는 레이저광선을 쏘고 있는지도 모른다. 뒤에서 모든 것을 조종하고 있다! 이제 모든 것이 명확해졌다! 하지만 나는 그의 음모에 그렇게 쉽게 굴복하지 않을 것이다! 레이저광선 테러를 쉽게 당하지 않을 테다! 나를 미치게 내버려두지 않을 테다! 나는 미치지 않았다! 그 빌어먹을 서점 주인이 내 주변을 온통 미치게 만들었다.

정신의학이 저지른 못된 장난

지금 기분이 어떤가? 썩 좋지는 않을 것이다. 아주 짧은 시간이지만 광기어린 과대망상의 전개 과정을 경험했으니 말이다. 과대망상이 불안을 만들 때 모든 불안의 뒤에 서점 주인의 음모가 있다고 생각하면서 마음이 한결 가벼워지는 효과도 경험했을 것이다. 그리고 과대망상이라는 정신병이 상담을 통해 치료될 수 있는 이유도 조금은 이해했을 것이다. 과대망상 상태에서 자아가 분열될 위기이지만 서점 주인이 모든 음모를 꾸몄다는 망상은 다시 어느 정도 안정을 주기 때문이다. 비록 망상이 주는 안정이지만 자아가 분열되는 것보다는 낫다.

뼛속까지 불안하고 무능한 자아가 중요한 것과 중요하지 않은 것을 구별하고 거기서 생기는 모든 감정에 무력한 것이 정신분열증의 근본 장애다. 그러므로 흔히들 말하듯 정신분열증은 '이중인격'이 아니다. 그리스어를 그대로 옮겨보아도 '정신이 둘로 갈라졌다'는 뜻이다. 오히려 '다중인격'이 더 어울리는 표현이다. 정신분열증 환자는 확실히 이상하다. 일반적으로 '나'라고 말할 때 그게 무슨 뜻인지 우리는 안다. 그러나 정신분열증 환자는 바로 그것을 의심한다. 자기 자신은 물론 주변 사람들이 죄다 의심스럽다.

자기 귀에만 들리는 음성이 있다. 그 음성이 자기의 행동을 평가한다. 그에게 명령을 전할 때도 있고 여러 음성이 자기에 대해 얘기하기도 한다. 그 음성이 자기 내면의 음성인지, 정말 어떤 사람이 진리를 전하기 위해 속삭이는 것인지 헛갈린다. 때때로 큰 소리로 들리기도 하는 내용이 자신에게서 나온 생각인지 외부에서 조종하고 있는 생각인지 의심된다. 자신은 여전히 자아의 주인인지, 아니면 다른 사람의 조종을 받고 있는 사람인지도 구분이 안 된다. 신체적 감각이 외부에서 발사하는 광선이나 그 비슷한 것에 의해 생기기 때문에 아무 느낌이 없는 걸까? 뒤에서 조종하는 누군가가 자신 앞에 죽음을 던져놓은 것만 같다. 그리고 주변의 모든 사물들이 어쩐지 그런 음모와 관련이 있는 것 같다.

급성 정신분열증 환자는 모든 것을 의심한다. 신비한 사물에 대한 책을 읽을 때, 당신에게 살짝 들었던 확신과는 비교할 수 없이 정신분열증 환자들의 확신은 강하다. 논리적 주장으로 바꿀 수 없는 이러한 확신을 우리는 광기라 부른다.

급성 정신분열증의 충격은 당사자에게 힘겨운 것은 물론이고 본질적인 공포를 안겨준다. 그래서 이 질병은 기본적으로 깊고 넓은 인간의 신념을 갈구한다. 그렇기 때문에 정신분열증에는 종교적 성향도 매우 흔하다. 종교가 정신분열증을 일으킬 수도 있다는 말이 아니라 정신분열증이 종교적 내용을 추구한다는 얘기다. 이를테면 교회에 관심도 없던 사람이 갑자기 자기가 하느님이나 예수 혹은 교황이라고 주장한다. 기독교 문화가 덜 주입된 곳이라면 다른 내용을 추구할 것이다.

질병 자체는 종교나 그 밖의 사회적 영향에서 완전히 독립적이다. 유럽 전체의 모든 문화에서 정신분열증 환자의 비율은 거의 비슷하다. 약 1퍼센트가 평생 한 번쯤 정신분열증에 걸린다. 이것은 사실 꽤 높은 수치다. 주민이 100명인 마을이라면 당신은 과거, 현재, 미래 어느 때에 정신분열증 환자 한 명을 만나게 된다는 얘기다. 정신분열증 환자는 병원에서 치료를 받는다. 그러나 아주 극소수에 불가하다. 대부분의 만성 정신분열증 환자들은 집에 있거나 특별 보호소에서 지낸다. 그러나 그 외의 경우에는 아주 정상적으로 사회 안에서 산다. 버스와 기차에서 이들을 보더라도 정신분열증 환자라는 인상을 받지 않는다. 그런데도 한 번 정신분열증에 걸리면 평생 미쳐서 산다는 편견이 여전히 널리 퍼져 있다.

이러한 공공연한 편견에 정신의학이 한몫을 한 것도 사실이다. 에밀 크레펠린은 1893년에 정신분열증을 조기에 닥친 지능저하라는 뜻으로 '조기 치매'라고 불렀다. 그리고 1911년에 오이겐 브로일러가 '정신분열증'이라는 이름을 붙였는데, 이 역시 그다지 아름다운 이름은 아니다. 두 이름 모두 오늘날의 관점에서 보면 정신의학의 못된 장난이다. 이미 언급했듯이 정신의 양분화는 오해에서 비롯한 개념이다. 정신분열은 지능 저하와 상관이 없다. 정신분열증 환자는 갑자기 병에 걸린 '똑똑한' 학생이다. 그리고 대부분 20대에서 40대 사이에 과중한 부담 때문에 병에 걸린 남달리 섬세한 사람들이다. 옛날에는 치매 환자와 정신병자를 같은 기관에서 함께 수용했다. 이것은 두 집단 모두에게 좋지 못했는데, 특히 '정신병자'에 대한 잘못된 편견이 강했다. 아마도 정신병원에 있는 환자들의 평균지능과 연방보건복지부 사람들의 평균지능은 거의 일치할 것이다. 정말로!

어느 날 신학대학 교수가 전화를 했다. 학교에서 아이들에게 종교를 가르치는 옛 제자가 있는데 요즘 들어 아주 이상해졌단다. 그러니 그 제자를 한 번 진찰해달라는 부탁이었다. 그 후 전혀 이상해 보이지 않는 단정하고 젊은 여성이 나를 찾아왔다. 그녀는 옛 스승을 매우 신뢰했고 그런 스승이 나를 찾아가보라고 일렀기 때문에 왔다고 했다. 그녀는 얼마 전에 아주 이상한 경험을 했는데 특별히 아픈 곳은 없다고 했다. 결혼을 했고 아이가 둘 있으며 부부관계도 안정적이었다. 몇 해 전부터 교사로 일한 그녀는 자기 일을 매우 사랑했다. 사실 여기까지는 이상한 점이 전혀 없었다. 그녀에게는 어떤 불안도 보이지 않았다. 그래서 나는 그녀에게 물었다. "도대체 왜 정신과 의사인 내게 선생님을 보낼 생각을 했을까요?" 그녀는 침묵했다. 그리고 점검하듯 나를 잠깐 훑어보았다. 나는 말없이 그녀를 바라보고만 있었다. 그러자 천천히 얘기를 시작했다. "몇 주 전에 아주 신비한 깨달음을 얻었어요. 내가 혹시 그리스도가 아닐까 하는 의심이 가끔 들었는데 마침내 확신을 얻었죠." 그녀는 잠시 망설였다. "나는 예언자 엘리야예요."

나는 깜짝 놀랐다. 그녀의 목소리는 한 치의 의심도 없이 확신에 차 있었다. 혹시 그 얘기를 다른 사람에게 한 적이 있는지 물었더니 아무에게도 하지 않았고 옛 스승에게만 했단다. 그런데 스승도 자기 얘기를 제대로 이해하지 못하더란다. 종교 수업시간은 어떠냐고 물었다. "물론, 어렵죠." 고학년들이 요즘 예언자 엘리야를 배우고 있는데 전혀 내색을 하지 않았단다. 엘리야는 구약성경에 나오는 예언자인데 21세기에 엘리야 예언자가 산다는 게 이상하지 않냐고 다시 한 번 잘 생각해보라고 조심스럽게 권했다. 그녀는 이 말에 논리적으로 설명할 수는 없었지만 어쨌든 확신은 여전했다. 그리고 이러한 확신이 학교에 알려지면 교사로서 곤란을 겪을 수 있다는 사실도 잘 알고 있었다. 그녀는 최근에 불면증도 있었는데, 그 덕분에 정신병 약을 복용하도록 설득하기가 쉬웠다. 또한 힘든 상황에서 그녀를 구하기 위해 병원에 입원할 것을 제안했지만 원하지 않았다. 그래서 통원치료를 시도할 수밖에 없었다.

두 번째 면담에서 벌써 약의 효능이 나타났다. 일단 잠을 푹 잘 잤다. 또한 설명하기를, 자기를 부르고 메시지를 전하며 행동을 평가하는 하느님의 음성을 오랫동안 들었었는데 그 음성이 더 이상 들리지 않는다고 했다. 물론 자신이 예언자 엘리야라는 확신은 여전했다. 그녀는 종교 수업시간을 매우 견디기 힘들어했지만 그래도 병가를 낼 생각은 없다고 했다. 사람들이 이상하게 보는 게 싫기도 하고 또 사실 아프지도 않다는 것이다. 그 뒤 치료는 계속 진전을 보였고 약의 부작용도 과하지 않았다. 얼마 후 환자는 자신이 예언자 엘리야라는 사실을 의심하기 시작하더니 차츰 망상에서 벗어났다. 그리고 마침내 다시 건강해졌다. 과대망상을 이겨냈다. "어떻게 그런 엉뚱한 생각을 했을까요?" 다행히 그녀의 엉뚱한 생각은 모두 사라졌다. 그녀와 나는 지금의 평화를 믿어도 될지 확실히 하기 위해 몇 번 더 면담을 하기로 약속을 잡았다. 과대망상은 재발하지 않았다. 몇 년이 지난 후에 그녀는 여전히 아무 일 없이 잘 살고 있다고 소식을 전했다.

정신분열증의 형태는 매우 다양하다. 가장 흔한 것이 바로 여교사가 겪었던 편집증적 환각이다. 급성단계에서 환자는 과대망상에 빠지고 환청을 듣는다. 이러한 경우에는 약물치료가 효과적이다.

사춘기 정신분열증은 대부분 매우 이른 시기에 시작되며 아주 서서히 아무도 모르게 진행되기 때문에 알아채기가 어렵다. 사춘기 정신분열증 환자는 과장되고 엉터리 같은 애기를 해서 대화가 불가능하며 삶의 중심도 점점 잃게 된다. 환각이나 망상의 명확한 증거는 없지만 정서적으로 문제가 생긴다. 환자의 표정과 목소리가 말하는 내용과 일치하지 않을 때도 있다. 대화를 할 때도 공감대를 형성하지 못한다.

이른바 단순성 정신분열증 환자는 주변에서 쉽게 본다. 이들은 일반적으로 역동성이 떨어지고 '생기가 없어' 보인다. 그리고 점점 약해진다. 환각이나 망상 같은 '양성 증후'는 전혀 없고 감정의 무미건조, 의욕상실, 집중력 및 주의력 결핍 같은 '음성 증후'만 나타난다.

전형적인 사고력 장애도 흔하다. 정신분열증 환자는 속담의 의미를 제대로 이해하지 못한다. "자기가 판 함정에 자기가 빠진다."라는 속담이 무슨 뜻인지 설명하라고 하면 아마도 그는 네모난 함정, 둥근 함정, 깊은 함정, 좁은 함정 등등 너무 많은 함정을 팠다고 대답할 것이다. 때때로 농담으로 한 말을 잘못 이해할 수도 있지만 항상 농담을 하는 것은 아니다. 또한 우유부단함이 두드러진다. 정신분열증 환자의 사고 과정은 뚝뚝 끊어지거나 뒤죽박죽이 되는 것이 특징이다. 쉽게 말하자면 '횡설수설'한다. 논리적으로 서로 관련 없는 주제들 사이를 이쪽에서 저쪽으로 갑자기 건너뛴다. "3×3일, 목요일, 새해 첫 번째로 진행될……." 옛날 우리 영어 선생님은 정신분열증 환자가 아닌데도 정갈한 말투로 이렇게 단어들을 뒤섞어

썼다. 어떨 땐 환상적인 단어조합이 생기기도 하지만 이상한 '낱말 짬뽕'이 되어버리기도 했다. 전형적인 사고력 장애는 정신분열증의 모든 형태에서 다소 독특하게 나타날 수 있다. 단순성 정신분열증에서는 기껏해야 슬쩍 비치는 정도이고 만성 정신분열증에는 '음성 증후'가 영향을 미친다. 옛날 정신병 약은 여기에 거의 도움이 되지 않았지만 현대에 새로 개발된 약들은 확실한 효과를 보인다.

마지막으로 긴장성 정신분열증도 있다. 100년 전에 정신과 의사가 자주 진단했던 병이다. 환자들은 괴상한 혼란상태에서 잔뜩 긴장하여 여러 시간을 방 안에 꼼짝 않고 서 있다. 이러한 증상을 보이는 환자는 오늘날 거의 없다.

끔찍한 질병이 끔찍함을 잃었다

정신분열증 환자의 3분의 1은 완치되어 건강해지고 3분의 1은 아주 작은 증세가 남지만 일상생활에는 아무런 어려움이 없다. 나머지 3분의 1은 만성 질병자로 남는데, 이들 중 3분의 1이 나중에 '두 번째 양성 증상'을 보인다. 정신분열증은 급성일수록 치료 가능성이 더 높다. 갑자기 미쳐버린 환자 옆에서 절망하는 가족들에게 이것은 매우 반가운 정보일 것이다. 정신병이 명확한 광기나 환각 없이 서서히 눈치채지 못하게 진행된다면 치료는 훨씬 힘들다. 그러나 만성 정신분열증 환자가 자기의 질병을 짊어지고 행복하게 살아갈 수 있는 여러 좋은 치료법들이 그 사이 많이 생겼다. 종종 이들은 '정상인'보다 더 현명할 때도 있다. 비록 괴롭긴 하지만 인생을 다양한 색으로 채색하는, 그야말로 환상적인 경험을 하기 때문이다. 사람들이 상상하는 모든 끔찍한 장면들은 모두 옛날 얘기다. 그런데도 정신분열증이라는 낱말은 오늘날 여전히 잘못 이해되고 있다.

정신분열증이라는 낱말을 가장 엉터리로 사용하는 사람들은 정상인들이다. 어떤 상황이 모순되거나 완전히 난센스라는 말을 하고자 할 때 정상인들은 이 낱말을 욕처럼 남용한다. 하지만 정신분열증 환자들의 특이한 행동에는 어떤 고의적 악의도 없다. 이들의 망상은 늘 일관되며 전체 망상은 의미있게 조직된다. 말하자면 망상의 내용 자체는 매우 논리정연하다. 단지 기본 가정이 광적일 뿐이다. 추격망상에 시달리는 정신분열증 환자는 매우 영리하며 전략적 사고에 있어서는 어떤 참모장교와도 견줄 만하다. 단지 참모장교는 자신의 확신에 모두의 동의를 얻지만 정신분열증 환자는 오직 자기 혼자서만 동의한다. 그러나 정신분열증 환자가 배우자를 설득하여 자기 고유의 망상을 믿게 만드는 사례도 있다. 정신의학에서는 이것을 '폴리 어 듀Folie a duew(감응성 정신병, 두 사람의 광기란 뜻으로 가까운 사이의 두 사람 중에 한 사람이 정신병에 걸렸을 때, 나머지 한 사람도 같은 정신병에 걸리는 것을 의미함-옮긴이)'라고 부른다. 부부가 폴리 어 듀 상태가 되면 두 사람은 레이저광선을 막을 방어막을 열심히 마련하여 침대 둘레에 설치한다. 아내는 모든 관련 관청에 분노에 차서 항의편지를 보내고 남편을 치료받게 하려는 보건복지부의 권고를 뿌리치고 집 안에 들어오지도 못하게 한다. 보건복지부 사람들은 현관 앞에서 당황한 채 서 있어야 한다. 그리고 어느 정도 사태를 파악한 후에야 마침내 진짜 '미친 사람'이 누구인지 알아내게 된다.

어쨌든 환자는 자신의 확신에 동의하는 과반의 표를 얻고, 환자를 아프다고 확신하는 사람은 오직 정신과의사뿐이다. 이렇게 되면 조만간 정신과의사는 곤란을 겪을 수밖에 없다. 이때 공감하는 마음으로 그를 도와줄 친절하고 전문적인 동료가 필요하다. 확신에 찬 반대 주장이 서로 팽팽할 때는 시간을 갖고 전환점을 찾을 필요가 있다. 제 집 앞마당에 밤마다 포르투갈 밴드가 들어와서 시끄럽게 하는 바람에 한 번도 조용히 쉴 수가 없었다고 우기는 환자가 있었다. 환자가 사는 동네는 아주 외딴 작은 마을이라 밴드가 시끄럽게 할 가능성은 전혀 없었으므로 우리는 다양한 진단을 가정했다. 그러나 정확한 진단을 위해 환자의 가족에게 전화를 했을 때 우리는 깜짝 놀랄 만한 얘기를 들었다. 그 외진 마을에 진짜로 포르투갈 밴드가 잠시 다녀갔다는 것이다! 정신과의사도 틀릴 수 있다. 이러한 사실을 빨리 깨달을수록 환자에게도 정신과의사에게도 좋다.

한편, 망상은 확실한데 정신분열증이라는 완전한 그림에는 못 미치는 장애도 있다. 편집증이 대표적인 예다. 또한 예민한 관계망상도 여기에 속한다. 부끄러움을 많이 타고 쉽게 마음을 다치는, 우리가 주변에서 흔히 만날 수 있는 평범한 여성이 있었다. 그녀는 자주 망상에 사로잡혔는데 그 외에는 아주 건강했다. 너무나 건강해서 그녀의 망상은 진짜처럼 보였고 그래서 그녀가 망상의 대상으로 삼았던 나름의 명망 높은 사람들이 절망의 끝으로 몰리기도 했다. 개신교 목사를 자기 애인으로 생각하는 여인도 있었는데, 소송을 걸면서까지 자신의 확신을 포기하지 않았다. 그녀는 환청을 듣지도 않았으며, 평소 매우 성실하게 살았다. 단지 전망 없는 사랑의 망상에서 벗어나지 못했다.

지위가 높은 사람들은 정신분열증 환자들에게 특별한 대상이 되곤 한다. 환청을 오래전부터 들었던 한 만성 정신분열증 환자는 입원하면서, 자신은 로마로 가서 교황을 반드시 만나야 한다고 우겼다. 교황과 급히 나눠야 할 얘기가 있는데, 교황도 벌써 만나자는 연락을 해왔고 특별한 표시도 보냈단다. 이 얘기를 하면서 그녀는 행복하게 미소 지었다. 당연히 그녀는 스스로를 환자라고 여기지 않았다. 가족들의 강요에 밀려 병원에 왔을 뿐이라며 약물치료를 거부했다. 우리는 그녀와 신뢰관계를 쌓기 위해 노력했다. 그녀는 처음부터 의심이 많았고 그간 만났던 여러 환자들처럼 망상 내용을 감추려 했다. 그도 그럴 것이 지금까지 말해봤자 늘 이해받지 못했기 때문이다. 일단 신뢰가 조금 쌓이자 그녀는 비밀을 털어놓았다. "교황에게 가서 사제독신제도를 폐지하라고 전해야 합니다."

그러곤 잠시 뜸을 들이더니, 자기가 교황과 결혼을 해야 한다고 선포했다. 사실 이 모든 내용은 정신분열증에서 예상할 수 있는 순서 그대로였다.

정신분열증 환자는 때때로 완전한 망상체계를 개발한다. 한 외진 마을에서 환자를 찾아다닌 적이 있는데, 마을 입구 막다른 길에 서 있는 환자를 발견했다. 마을은 온통 안개에 휩싸여 있었고 분위기는 몹시 으스스했다. 환자의 망상에 의하면, 작고 파란 난쟁이가 그를 가두었고 빙 둘러쳐진 울타리 위에 앉아 그를 감시했다. 난쟁이들이 자기를 죽이려 한다고 확신했던 것이다. 안개 자욱한 으스스한 분위기에서 그의 말은 충분히 이해할 만했다.

다소 코미디 같은 환상적인 망상을 하는 환자도 있었다. 그는 내게 정기적으로 우주모형을 선물하며 우주전쟁을 경고했다. 믿기 어려운 모든 위협들을 설명할 때 그의 모습은 진지하고 사랑스러웠다. 정신분열증 환자는 때때로 거룩한 기운에 휩싸여 있다. '자아와 환경을 차단' 하는 능력이 불안정한 이들은 불필요하게 혼동하지 않기 위해, 불안한 감정을 안은 채 육체적으로, 아니 오히려 정신적으로 자기도 모르는 사이에 사람들을 멀리한다. 설령 이들이 서로 접촉하기를 좋아하더라도, 툭툭 어깨를 치는 대부분의 정상인들보다 훨씬 접촉을 많이 하더라도, 정말로 허물없이 가까이 하지는 않는다. 존중의 거리를 유지한다.

미국 학계는 '감정을 약하게 드러내는' 환경이 정신분열증 치료에 가장 이상적이라고 설명했다. '감정을 강하게 드러내는' 가족 안에서는 통계적으로 정신분열증이 오래갔다. 하나뿐인 자식이 정신분열증에 걸려 세심한 부모가 곁에서 늘 살핀다고 할 때, 모든 돌봄과 배려가 환자에게 반드시 좋지만은 않다. 늘 곁에 있는 것은 좋으나 지나친 보살핌은 환자에게 오히려 해롭다.

세상의 엄마들을 자살로 이끈 사건

그러나 실천으로 옮기기보다 늘 말이 쉬운 법이고 환자의 가족으로 함께 사는 것보다 대학에서 연구하는 게 더 쉬운 법이다. 정신분열증 환자에 대해 부모가 모든 책임을 질 필요는 없다! 이른바 심리학의 콘터간(1960년 전후에 판매된 진정제로 이 약을 복용한 임산부들이 손목이 어깨에 붙은 기형아를 출산했다-옮긴이) 사건이라 불러도 과언이 아닌 '모태 정신분열증'이라는 명제가 있었다. 정신분석학자 프리다 프롬-라히만이 이 명제를 정신분석 세계에 도입했다. 프롬-라히만의 주장에 따르면 어머니의 특정한 행동이 아이의 정신분열증을 야기한다. 이것은 학문적 가설에 불가했지만 극적인 효과를 남겼다. 정신과의사들은 대개가 이미 정신분열증에 걸린 환자를 만난다. 그리고 환자를 도와주려고 노력한다. 그러나 나는 건강하고 활기찬

18세 소녀가 정신분열증 환자로 변하는 모습을 목격했다. 이것은 아마 내 생애 가장 끔찍한 경험일 것이다. 그런 자식을 바라보는 엄마를 상상하면 그것은 더욱 끔찍한 일이다. 그런데 그 모든 것이 엄마의 잘못이라며 엄마를 몰아붙인다면, 그것은 내가 상상할 수 있는 가장 잔인하고 나쁜 일이다. '모태 정신분열증'의 이론은 수많은 엄마들을 자살로 이끌었다. 10년 후 정신분석학은 이 이론을 버렸는데, 이유인즉슨 질병을 유발하는 행동방식이 너무 불특정하고 그 결과 역시 매우 다양하기 때문이었다. 그러나 엄마들은 이미 죽었다!

정신분열증 환자를 어떻게 대해야 할까? 조직적으로, 너무 강압적이지 않게, 냉정하게, 너무 감성적이지 않게……. 특히 부모들은 명심하라! 아이가 점점 의기소침해지고 사회적 접촉을 끊으며 잘하던 일들을 갑자기 해내지 못하는 등 이상하게 변하면, 즉 서서히 눈치채지 못하게 진행되는 정신분열증의 대표 증상인 생기를 잃으면 냉정하게 반응하라! 그리고 '과잉보호'하지 않도록 주의하라! 부모의 행동양식은 대부분 질병의 원인이 아니라 결과에 영향을 준다.

정신분열증은 확실히 유전된다. 그러나 표현에 신중해야 한다. "유전병인가요?"라고 가족이 물으면 나는 언제나 먼저 "아닙니다!"라고 대답한다. 왜냐하면 이 질문에는 대개 정신분열증이 자동으로 유전된다는 상상을 깔고 있기 때문이다. 이것은 잘못된 상상이다. 정신분열증에 걸릴 위험은 이미 언급했듯이 약 1퍼센트다. 정신분열증 부모에게서 정신분열증 아이가 태어날 확률은 약 12퍼센트, 그러니까 딱 12배가 높다. 한 엄마가 8명을 낳으면 평균적으로 그중 1명이 정신분열증일 수 있다는 얘기다. 다른 한편으로 유전요소는 정신분열증이 잘못된 부모의 행동양식에서 생기는 것이 아님을 확실히 하기 위해서라도 중요하다. 물론 부모의 잘못된 행동양식이 정신분열증 단추를 누를 수는 있다. 하지만 사랑과 실연, 하늘을 나는 행복과 깊은 절망 등의 '불특정한 스트레스'가 정신분열증의 단추를 누를 수도 있다. 또한 단순히 폐렴이 원인일 수도 있다. 어쩌면 스트레스 없이도 단지 약간 늦을 뿐 단추는 눌릴 것이다. 영화들이 아직도 시끄럽게 떠들어대는 '사람이 사람을 미치게 만들 수 있다'는 설정은 그래서 엉터리다. 심각한 외상을 입혀 정신적으로도 심각한 해를 끼칠 수 있다. 앞으로 더 설명하게 될 '외상 후 스트레스 장애'가 그에 대한 극적인 결과다. 그러나 정신분열증은 아무도 고의로 만들 수 없다.

그러므로 정신분열증의 첫 번째 진단에서 혹은 다른 심각한 정신병에서 부모와 자세히 대화하는 것이 매우 중요하다. 내 경험에 의하면, 거의 모든 부모가 이러한 상황에서 죄책감에 사로잡힌다. 이들은 양육 과정에서 뭔가 엄청난 잘못을 저지르지는 않았을까 두려워한다. 그래서 나는 전문가로서 내게 주어진 모든 권위를 살려 확고하게 부모에게 설명한다. 그들은 질병의 발생에 조금도 아주 조금도 힘을 보태지 않았다고 말이다. 부모는 환자 다음으로 그러니까 질병의 두 번째 희생자다. 이것을 아는 것은 매우 중요하다. 사실 부모가 환자보다 더 고통스럽다. 현대의 개인화는 특히 정신병에서 낙제점이다. 모든 사람이 기쁠 때나 괴로울 때나 다른 사람에 대해 의미를 가진다. 다른 사람과 함께 괴로워하는 것은 또한 치료에 도움이 된다. 그러므로 자조집단은 큰 도움이 된다. 그 안에서 가족들이 서로 힘을 북돋을 수 있고 힘들 때 엄마 없는 고아처럼 외로움을 느끼지 않아도 된다. 그러나 뭔가 잘못한 것이 있을까봐 속으로 조용히 떨고 있는 부모에게 비수를 꽂는 사람이 꼭 있다. 어디서 주워들은 게 많은 잘난 체하는 친척이 그들이다. 이러한 친척들은 도저히 흘려들을 수 없는 말들을 뒤에서 속닥거린다. 이러한 엄마에게서 그런 병을 얻는 것은 당연하다느니, 벌써 예상했다느니, 이제 개판이 될 거라네 등등. 상처에 소금을 뿌리는 이러한 잔인함에서 부모를 보호해야만 한다. 어쨌든 사돈의 팔촌까지 거슬러 올라가다보면 친척 중에 정신병을 앓는 사람이 한 명쯤은 있기 마련이다. 그러나 정상인들이 그 사실을 꽁꽁 숨기려 하기 때문에 그것이 감춰야 할 일이 되어버렸다. '우스꽝스러운' 고모나 '특이한' 삼촌의 안부를 물어보라. 지루한 흑백의 다른 친척들이 창피해서 쉬쉬하는 색깔 있는 친척이 누구에게나 있기 마련이다.

정신분열증은 특히 약물치료가 성공적이다. 더불어 상담심리치료, 작업치료, 스포츠치료 같은 다양한 요법들도 유용하다. 그러나 두드러진 치료 수단은 역시 빛나는 치료사가 아니라 통속적이게도 정신병 약임을 인정해야만 한다. 병리학 초기에는 논란이 많았다. 정신분열증 환자를 약물치료 없이 치료하겠다고 의욕을 불태우던 심리치료사가 있었다. 그러나 그 사이 그것이 미친 짓이었음을 깨달았다. 정신분열증을 현대 정신병 약으로 치료하거나 최소한 고통에서 벗어나도록 노력하는 것이 마땅하다. 그렇게 하지 않는다면 그것은 의사의 실수다. 정신병 약은 환자에게 고통을 견디게 하고 더 나아가 완전한 정신건강을 돌려주는 치료 수단이다.

여러 달 동안 민간요법, 자연치료, 심령술을 거쳐 심지어는 엉터리 신비주의에까지 기대며 고생을 하다가 마침내 제대로 된 약물치료를 받고 광기의 고통에서 벗어난 사람은 결코 이념적인 약물 혐오증에 휘말리지 않을 것이다.

정상인에 대한 모든 착각

물론 약물치료 과정에서 환자는 효능도 얻지만 또한 원하지 않던 부작용도 겪을 수 있다. 그렇기 때문에 환자는 약에 대해 충분히 설명을 듣고 부작용과 치료효과를 잘 비교해서 선택해야 한다. 그러려면 환자는 치료의 대상이 아니라 치료의 주체여야 한다. 의학서적들을 많이 읽어 정신병 약에 관해 잘 아는 환자들도 많다. 그래서 나는 새로운 치료약을 권할 때는 관련

전문서적을 같이 주어, 그들이 새로운 약을 복용해볼지 스스로 결정할 수 있게 했다. 자기의 병을 잘 아는 환자가 약의 양을 스스로 조절하는 법을 배우는 것도 좋다. 그러면 이들에게 약은 진정한 치료 수단이 되어 자기 병을 스스로 관리할 수 있다. 이들은 자신에게 너무 과한 요구도 하지 않고 그렇다고 너무 약한 요구도 하지 않으며 병이 갑자기 악화되면 절제할 줄도 안다. 그래서 이들의 예민하고 연약한 정신 피부는 아무런 해도 입지 않는다. 환자들은 자조집단의 도움으로 자신의 권리를 인식하고 환자의 선택권을 중시하지 않는 의사들에 대항하여 권리를 주장하는 법을 배우며 서로 정보도 교환할 수 있다. 우리같이 많이 배운 의사들보다 자기 병에 대해 훨씬 많이 아는 환자들도 있기 때문이다. 그리고 우리 중에 한 사람이라도 겸손을 안다는 건 좋은 일이다.

만성 정신분열증 환자에게는 전체를 조망하는 규칙체계가 중요하다. 내가 담당하던 요양소는 감정의 카오스로 늘 정신이 없었다. 모두가 환자를 이해하려 노력했다. 환자의 감정을 살피고 감정을 보듬어주고 오랜 소꿉친구 대하듯 다정하게 대했다. 하지만 환자들은 여전히 걸핏하면 병원으로 실려왔다. 그때 새로운 복지사가 소장으로 와서 명확한 규칙체계를 도입했다. 이를테면 직원들은 환자에게 반드시 '님' 자를 붙여 정중하게 대해야 했고 당연히 환자들도 그래야 했다. 또한 환자들이 회의 때 서로에게 불만을 얘기할 수 있도록 했다. 그러나 각자 스스로 책임질 줄 알아야 했다. 분위기는 단번에 바뀌었다. 환자들은 갑자기 훨씬 어른스럽게 행동했고 병원에 입원하는 수도 급격히 줄었다. 평소 횡설수설 어지러운 낱말을 늘어놓고 해독불가의 빽빽한 텍스트를 보내던 만성 정신분열증 환자 L씨는 명확하고 의젓하게 자기를 소개했다. "나는 L이오. 모두들 존댓말로 정중하게 나를 대합니다. 당신도 그렇게 해주셨으면 좋겠소." 명확한 규칙체계는 개인의 경계를 존중했고 모든 환자에게 치료효과를 가져다주었다.

환자 L씨는 때때로 철저히 선을 그어 사람들과 거리를 두었지만 어쨌든 정이 많은 사람이었다. 그는 종종 유럽인권법원에 가야 한다며 슈트라스부르크를 향해 떠났는데 그때마다 매번 경찰에 잡혀 병원으로 실려왔다. 경찰에 화가 난 그는 여러 달 동안 방에서 농성을 했고 전혀 이해할 수 없는 구호들이 나붙었다. 그는 동료와 직원들을 불러놓고 연설도 했다. 청중들에게 주목하라고 엄격히 이르고 시작한 연설은 기껏해야 자기만 이해할 수 있는 극히 주관적이고 뒤죽박죽인 내용들뿐이었다. 그럼에도 불구하고 모두들 기꺼이 그의 연설에 주목했다.

정신분열증 환자들은 분명 다른 사람들보다 더 예민한 것 같다. 그러나 예민함은 또한 능력이다. 휠덜린 혹은 로베르트 발저 같은 문학가는 생애의 상당 부분을 정신병원에서 보냈다. 또한 화가 반 고흐도 정신분열증을 앓았다. 수사가 되려고 수도원에 들어간 신실한 젊은이가 있었다. 그는 비록 정신분열증을 앓았지만, 잠시 머물렀던 두 세계에서 성공적으로 벗어났다. 이때 수도원의 엄격한 질서가 오히려 도움이 되었고 병 때문에 비록 힘들었지만 바로 그렇기 때문에 더욱 신실하게 수도원생활을 했다. 이 정신분열증 수도자가 가끔은 수도원 식구들에게 부담이 되었겠지만, 그가 병을 이겨내는 방식은 공동체에 깊은 정신적 자극을 주었다.

정신분열증 환자는 정상인과 똑같이 영리하다. 하지만 이들은 똑똑한 정상인처럼 몰래 뒤에서 다른 사람의 뒤통수를 치지 않는다. 이들은 자기 생각을 말하는 것을 꺼리는데, 그것은 자신의 생각을 말했다가 자주 낭패를 보았기 때문이다. 그러나 일단 대화를 시작하면 정상인보다 훨씬 솔직하다. 정신분열증 환자는 주관적인 진실 때문에 고통을 많이 받는다. 또한 그들의 행동방식은 매우 특이하게 보일 수 있다. 여하튼 정신분열증 환자는 결코 전쟁을 일으키거나 이끌지 않는다. 경제사범이나 그 비슷한 죄를 저지르는 경우도 없다. 이들은 독특함 때문에, 그리고 구제불능의 정상 사회에 적응하지 못하기 때문에 사회와 충돌한다. 또한 병이 갑자기 악화되면 공격성을 보이기도 한다. 인간에 대한 예민한 감각을 충분히 갖고 있는 사람이라면 이러한 독특한 사람의 다채로움에서 결코 방향감각을 잃지 않는다. 하지만 정상인이라고 모두가 방향감각이 있는 건 아닌 듯하다. 한번은 친구에게 병원 오는 길을 설명하는데 도저히 이해를 못했다. 세 번째 설명에도 전혀 이해를 못해 결국

나는 이렇게 외쳤다. "일단 쾰른 남쪽으로 와서 아무 경찰이나 한 대 때린 다음 어떤 음성이 그렇게 하라고 시켰다고 해. 그러면 바로 나한테 올 거야!" 정말 정상인이 더 문제다!

정신분열증을 앓는 우리의 이웃에 대한 모든 과소평가, 그리고 정상인에 대한 모든 과대평가는 착각이다. 모든 인간이 한 가지만큼은 똑같다. 인간은 방황한다. 괴테의 말을 빌리면 "인간은 노력하는 한 방황하기 마련이다."

04

조울증과 우울증
하늘을 찌르는 환호, 죽은 자를 위한 애도

하늘을 찌르는 환호와 죽은 자를 위한 애도를 동시에 경험한
다? 도대체 누가? 실제로 이러한 극도의 높이와 깊이를 경험
하게 하는 병이 있고 그 병에 걸리는 환자가 있다.

너무나 주관적인 병, 우울증

한참 일할 나이에 절망에 빠진 매니저가 있었다. 벌써 몇 달째
기분이 계속 가라앉았고 뭘 해도 기쁘지가 않았다. 힘도 자꾸
빠지고 금방 피곤해졌다. 그런데도 잠은 안 오고 식욕도 없었
다. 그는 두려웠다. 모든 것이 물거품이 될지도 모른다는 두려
움이었다. 기본적으로 두드러진 문제는 없었다. 좋은 직장에
다정한 아내, 그리고 제 앞가림 잘하고 사는 믿음직스런 자식

들. 솔직히 저녁마다 편안하게 소파에 누워 쉬거나 아내와 포도주 잔을 기울이며 인생을 즐겨도 될 상황이다. 하지만 그는 아침에 눈을 뜨면서부터 두렵고 불안하다. 힘든 하루를 견딜 걱정이 천근만근이다. "그 많은 일들을 도대체 어떻게 해낸단 말인가? 혹여 잘못하여 가족을 불행하게 하지는 않을까? 지금의 절망은 누구 탓이며 직장이나 친구 혹은 가족의 문제는 누구 때문에 생겼을까? 모두 내 탓이다." 절망은 점점 깊어지고 결코 멈추지 않는다. 형편없는 존재로 작아져 더는 햇살을 기뻐할 수 없다. 행복했던 옛날처럼 다시 웃지도 못할 것 같다. 그래도 몇 달 전에는 운명을 슬퍼하며 눈물을 흘릴 수 있었다. 그러나 언젠가부터 눈물마저 말라버렸다. 감정이 돌같이 굳었다. 무감정 상태이지만 늘 무기력하게 끌려들어가는 깜깜한 무無 앞에서 다시 절망한다……

　나이 많은 정신과의사의 고백에 의하면, 오랜 경험 덕에 정신분열증 환자의 내면 깊은 곳에서 솟아오르는 우울함을 어느 정도 이해할 수는 있지만 당사자만큼 느끼지는 못한다. 우울이라는 낱말은 흔히 착각을 일으키게 한다. 사람들은 우울이라는 낱말에서 사랑하는 사람의 죽음이나 가슴 아픈 이별의 견디기 힘든 슬픔 때문에 며칠 혹은 몇 주 동안 죽도록 마음이 아픈 상태를 상상하기 때문이다. 그러나 이러한 상상은 실제 우울증 환자들이 느끼는 것과 거리가 멀어도 한참 멀다. 미국 심리치료사 스티브 드 세이저가 이러한 말을 한 적이 있다.

"치료사들이 가장 흔하게 쓰는 말이 비록 우울이지만, 아무도 우울함이 정확히 무엇인지 알지 못한다. 우울이라는 낱말을 저마다 매우 주관적으로 쓰기 때문이다."

아주 재밌는 여 강사를 치료한 적이 있다. 그녀가 평소 강의를 하면 강당 전체가 들썩거릴 정도로 모두가 재밌어했다. 그런데 어느 날은 단지 몇 명만 재밌게 웃었다. 그래서 그녀는 우울해졌다. 우울함은 다시 괴로움으로 번졌다. 다른 사람에 비해 전혀 우울해 보이지 않는 그녀에게 우리는 괴로움이 진정될 때까지 항우울증 약을 처방했고 예방효과가 있는 기분안정제도 처방했다. 이렇듯 우울은 매우 주관적이다.

우울이라는 낱말을 들으면 모두들 과거의 불행했던 순간을 떠올린다. 대부분 슬픈 사건으로 기분이 가라앉았던 순간이다. 그러나 이것은 병적인 우울과는 전혀 상관이 없다. 슬픈 사건을 슬퍼하는 것은 병이 아니라 당연한 것이다. 이러한 평범한 사람이 그만 일중독에 빠진 정신과의사를 만나 정신병자로 둔갑하거나 과장된 자아성찰로 스스로 정신병자가 되는 일은 결국 자해나 마찬가지다. 우울이라는 말을 이해하기는 이처럼 몹시 까다로웠기 때문에 온갖 종류의 '우울'과 내부에서 솟아나는 심각한 우울을 구별하기 위해 별도로 '멜랑콜리'라 부르기도 했다. 하지만 이러한 노력은 제대로 결실을 맺지 못했다. 어쨌든 확실히 밝혀두건대, 여기서 말하는 심각한 우울증은 살면서 겪는 불행한 일 때문에 생기는 슬픔이 아니다. 일상의 스트레스가 우울증의 시작단추 구실을 했다 하더라도 마찬가지다. 과중한 부담이나 번아웃burnout은 우울증이 아니다. 여하튼 우울증에서도 불쌍한 가족들이 불공평하게 죄를 뒤집어쓰는 일이 흔하기 때문에 내면에서 솟아나는 심각한 우울은 누구의 잘못도 아님을 명확히 말해야 한다. 우울증에도 눈여겨볼 만한 유전적 요소가 있다. 그러므로 우울증을 뇌의 신진대사 장애로 보고 같은 신진대사물질인 약물로 치료하는 것이 가장 좋다.

우울증이 심각할 때는 자체 역학의 작동으로 마음을 안정시키는 대화를 거부하기 때문에 상담 심리치료가 전혀 소용이 없다. 우울증은 심할 경우 망상으로 이어진다. 빈곤망상, 자책망상, 그리고 다시는 건강해지지 못할 거라는 망상. 망상은 심지어 급성 환각을 일으키기도 한다. 이때 상담이 전혀 도움이 안 된다는 것은 잘 알려진 사실이다. 우울증은 환자만이 느끼는 무거운 고통이다. 불행 중 다행인 것은 완치가 가능하다는 것이다. 우울증 환자는 그들의 우울함 때문에 힘들기도 하지만 정상인들이 주는 '좋은 조언' 때문에 더 힘들 수도 있다. 예를 들어 환자는 적극적으로 뭔가를 할 처지가 전혀 못 되는데도 계속 적극적으로 뭔가를 하도록 강요받는다면 환자는 더욱 움츠러들게 된다. 우울증에 걸린 아내가 침대에 누워만 있으면 남편은 화를 내면서까지 일어나라고 강요한다. 아침마다 아내가 더욱 우울해지는 건 당연하다. 남편이 아무리 화를 내도 어쨌든 아내는 단 한 번도 일어날 수 없다. 그러므로 입원 자체가 그녀에게는 엄청난 해방이 된다. 자기 불만족에 빠지게 했던 일상의 강요가 마침내 사라졌기 때문이다. 또한 "그냥 확 털어버려!"라는 조언이나 우울해할 이유가 전혀 없다는 진심어린 설명은 종종 우울증 환자를 더욱 우울하게 만든다. 아무런 노력도 하지 않는다거나 세상의 아름다움을 기뻐할 줄 모르고 감사할 줄 모른다는 비난처럼 들리기 때문이다. 휴가를 떠나는 것이 오히려 더 고통일 수도 있다. 좋은 날씨를 기뻐하며 휴가를 즐기는 쾌활한 사람들을 만나지만 자기 자신은 예나 지금이나 똑같이 아무런 감정도 느끼지 못하기 때문이다. 이러한 극과 극의 경험이 상황을 더욱 나쁘게 한다.

그러나 우울증은 완치가 가능하다. 언젠가는 우울한 기간이 끝난다. 언제 끝날지 정확하게 예상할 수는 없지만 언젠가 끝난다는 것은 확실하다. 정신과의사 한스 뷔르거-프린츠는 1930년대를 회고하면서 라이프치히의 한 부유한 기업가의 아내가 앓았던 스펙터클한 우울증 사례를 소개했다. 그녀는 어느 날 갑자기 청천벽력처럼 우울증에 빠졌다. 정신과의사를 찾아갔지만 당시에는 아직 효과적인 약물치료가 없었다. 그래서 그녀는 여러 해에 걸쳐 유럽의 유명하다는 정신과의사는 거의 모두 찾아갔다. 아무도 그녀를 돕지 못했다. 그 후 17년이 지난 어느 날, 모두가 포기하고 있었을 때 아침에 일어났는데 기분이 상쾌했다. 더는 우울하지 않았다. 우울증은 찌꺼기 없이 완전히 사라졌다. 그녀는 너무나 행복해서 예전에 자기를 치료했던 의사들을 모두 초대하여 성대한 잔치를 열었다. 유럽 정신의학의 엘리트들은 흥겨운 저녁을 보내며 우울증에서 마침내 벗어난 환자의 행복을 축하했다.

우리의 매니저에게 다시 돌아가보자. 그 역시 상황이 좋아질 거라 기대하지 않았고 심지어 자살을 생각한 적도 있었다. 하지만 입원해 있는 동안에는 자살 같은 건 꿈도 꾸지 않기로 약속했고 나는 계속해서 다시 건강해질 거라고 그를 안심시켜야 했다. 우리는 상담치료와 약물치료를 병행했다. 상담은 늘 그의 체념에 부딪쳐 주변만 맴돌았다. 그는 자기 관점을 치료에 유용하게 바꿀 능력이 못 되었다. 첫 번째 처방한 항우울증 약은 효과가 없었다. 그래서 다른 약으로 바꿨더니 효과가 나타났다. 힘이 다시 생겼고 체념은 사라졌다. 환자는 처음으로 관심과 감정을 담아 자기 기분을 표현했다. 호전의 기미를 처음 알아차린 사람은 그의 아내였다. 그 다음이 간호사들과 우리 의사들이었고 환자는 아쉽게도 대개가 가장 마지막으로 알아차린다.

마침내 환자도 자신이 점점 건강해지는 것을 알아차렸고 행복하게 퇴원했다. 직장에 다시 나간 그는 다소 과하게 활동적이었고 개인생활에서도 지나치게 쾌활했다. 오랫동안 우울하게 지냈으니 충분히 이해할 만했다. 정신과의사들은 이러한 증상을 '경조증적 지속동요(지속적으로 가볍게 기분이 들뜨는 증상─옮긴이)'라고 부른다. 이러한 증상은 아주 짧은 기간만 나타나는데 우울증이 완전히 끝났다는 표시이기도 하다. 완치 후에 환자와 다시 한 번 면담을 하는 일은 즐겁다. 환자는 의사의 희망찬 격려와 그것을 의심했던 자신의 모든 태도를 기억한다. "전혀 믿지 않는데도 계속해서 희망을 말했던 선생님 덕분입니다!" 옛날 같으면 몇 년씩 끌었을 고통을 단시간에 끝내준 항우울증 약 덕분이다. 약물치료를 하지 않으면 우울증은 평균적으로 약 6개월이 걸린다. 그러므로 약물치료는 가치를 따질 수 없는 유일한 올바른 치료다. 또한 항우울증 약은 대부분 2~3주 정도면 효과가 있다.

우울증에서 회복하는 데에 심리치료의 병행은 확실히 도움이 된다. 특히 행동치료가 효과적이며 작업치료, 예술치료, 음악치료, 스포츠치료 같은 다른 치료 방법도 도움이 된다. 우울증에 특별히 불면요법을 쓰기도 한다. 계절형 우울증에는 빛치료가 도움이 될 수도 있다. 낮이 짧은 계절에 우울해하는 환자들에게 인위적으로 빛을 오랫동안 쐬게 하여 기분저하를 막을 수 있다. 그러나 어떤 사례에서든 약물치료가 여전히 가장 효과적이다. 약물치료로도 성과가 없으면 전기경련요법을 쓰기도 한다.

우울증을 '국민질병'으로 묘사한 경우도 있는데 이것은 과장이다. 자연스러운 슬픈 반응은 우울증이 아니기 때문이다.

살면서 심각한 우울증에 걸리는 사람은 약 3~4퍼센트에 불과하다. 어쨌든 헤밍웨이, 화가 휘호 판 데르 후스, 그리고 여타 예민한 예술가들, 즉 재능이 뛰어난 비범한 사람들이 우울증을 앓았다. 실제로 많은 사람들이 우울증을 감춘다. 하지만 이따금 밝혀지기도 한다. 네덜란드 여왕의 사망한 남편, 유명한 축구선수, 그 밖의 여러 사람들이 우울증을 앓았다. 우울증에 관련해 읽어볼 만한 책이 있다. 피트 퀴퍼Piet Kuiper의 『정신의학자의 우울증』이 그것인데 우울증을 앓았던 정신과의사가 자신의 경험을 입체적으로 그렸다.

충동적 자살을 막아라

치료가 늘 성공하는 건 아니다. 우울증 때문에 자살로 생을 마감하는 사람도 많다. 많이 호전된 시기에 스스로 목숨을 끊는 일도 적지 않은데, 원기는 회복되었지만 기분이 여전히 가라앉아 있을 때 주로 이러한 일이 발생한다. 자살은 가족에게 가장 깊은 상처를 남기지만 자신의 슬픈 실패를 마주해야 하는 의사와 치료사에게도 충격이다. 우울증 환자의 자살은 사실 그리 간단한 문제가 아니다. 환자의 자살은 당연히 의사의 기술적 실수이며 치료사의 실패다. 그러나 자살은 예측불허의 사건이며 환자의 마지막 자유의 표현일 수도 있다. 기본적으로 자살은 환자의 자유의지라기보다는 그를 죽게 내버려두려는 병의 의지이기 때문에 의사와 치료사는 우울증 환자의 자살을 막기 위해 할 수 있는 모든 것을 해야 한다. 그럼에도 불구하고 자살이 감행되었다면, 비록 우울증을 앓는 환자이긴 하지만 아직은 스스로 결정할 수 있는 자유의지가 남아 있었고, 그 자유의지로 자살을 선택했는지 아니면 우울증에 굴복하여 자살을 했는지는 쉽게 확언할 수 없다. 이 문제는 확실히 의사나 치료사 모두에게 딜레마다. 환자의 발에 쇠고랑을 채워 밤낮으로 감시자를 붙여둔다면 자살을 막을 수 있다. 그러나 이러한 철통같은 통제는 비인간적이며 게다가 그런 식으로는 우울증을 고칠 수 없을 뿐더러 오히려 더 악화시킬 수 있다. 정신과의사는 늘 환자의 자유와 자기책임을 중시해야 한다. 이것이 오히려 자살 위험을 막을 것이다.

자살은 모든 정신병에서 발생할 수 있다. 갑자기 자살 충동에 빠진 환자를 대할 때 일반적으로 지켜야 하는 몇몇 규칙이 있다. 환자가 보내는 자살 충동 신호를 늘 진지하게 받아들여야 한다. 경험이 없는 사람들은 이러한 신호를 받으면 흔히 두려워한다. 그래서 구체적으로 원하는 것이 무엇인지를 묻거나 '어리석은 생각' 말라고 꾸짖으며 얘기를 딴 곳으로 돌린다. 이것은 완전히 잘못된 반응이다. 만약 어떤 사람이 자살할 마음이 들었다면 친구들을 불안하게 하거나 가족들을 놀라게 하고 싶지 않기 때문에 절대 그런 얘기를 하지 않을 테고 그렇다고 낯선 사람에게 할 얘기도 아니므로 그저 속에만 담아둘 것이다. 이러한 상황에서 "사는 게 귀찮다는 생각 해본 적 있으세요?"라고 구체적으로 물으면 환자는 주저하지 않고 그렇다고 답한다. 속에만 담아두었던 닳고 닳은 이야기를 마침내 누군가와 할 수 있게 되었으니 말이다. 언제 그런 생각을 처음 하게 되었냐고 물으면 흔히 세 시간 전쯤이라고 답한다. 구체적으로 생각해둔 자살 방법이 있는지 물으면 꼼꼼히 세워둔 계획을 들려준다. 이러한 경우에 지체하면 위험하다. 섣불리 나서지 말고 전문가나 정신과의사에게 연락해야 한다.

정신병치료를 해야 한다. 이렇게 구체적인 표현이 있은 후부터는 그를 절대 혼자 내버려두어서는 안 된다. 비전문가로서 그런 주제를 다루기가 너무 부담스럽다는 것을 그에게 충분히 이해시켜야 한다. 감정적으로 강하게 개입하게 되는 가족이나 배우자들은 특히 이 점에 주의해야 한다. 정신과의사가 뚜렷한 자살 위험이 없다는 결론을 내린 후라야 비로소 의무를 다한 것이다. 자살 충동을 느끼는 사람은 일반적으로 관련된 사람에게 신호를 보낸다. 부부의 위기, 직장에서의 해고 혹은 그와 비슷한 사건에서 그러한데, 때로는 단지 압력을 가하기 위해 자살로 위협하기도 한다. 하지만 단순한 위협이라고 해도 진지하게 받아들이고 전문가의 도움을 청하는 것이 좋다. 그러면 그는 다시는 위협 수단으로 자살을 함부로 이용하지 않을 것이다.

전문가들이 말하는 심각한 자살 위험의 증상은 자살에 대해 자주 생각하거나, 미래의 계획이 없거나, 삶의 의미를 말하지 못하거나, 자살 환상에 빠지는 것이다. 이 정도면 자살 위험이 상당히 높다. 가족이나 친구에게 자살하고 싶다는 얘기를 벌써 했다면, 예전에 자살 시도를 한 적이 있다면 자살의 문턱은 더욱 낮다. 이때 가장 중요한 것은 치료를 시작하는 것이고 환자로부터 적어도 치료기간에는 절대 자살을 시도하지 않겠다는 '약속'을 받는 것이다. 만약 환자가 이러한 '약속'을 할 능력이 된다면 일반 정신병원에서 치료하면 된다. 드문 경우이지만 통원치료도 가능하다.

환자가 심각한 자살 충동을 느끼되 '약속 능력'이 없고 치료받을 준비도 되지 않았다면, 환자를 보호하는 차원에서라도 환자의 거부가 있어도 감금 병동에서 강압적인 치료를 진행해야 한다. 의사의 지도 아래 관련 관청과 경찰이 함께 해야 하고 중장기적으로는 자유 박탈에 대한 판사의 동의도 필요하다. 환자가 싫다고 하는데도 강제로 감금하여 치료하는 것은 당연히 가족에게 매우 힘든 일이다. 하지만 거의 모든 사례에서 환자들은 나중에 다시 건강해지면 강제치료에 동의하여 자기 생명을 구해주었다며 고마워한다. 이 사실을 가족들에게 잘 알려야 한다. 한 사람이 죽고 사는 문제다. 생명을 구하는 어려운 수술이 있는 것처럼 생명을 구하는 강제치료가 있다. 여기서 중요한 것은 자살을 막는 것이 아니라 신뢰할 만한 관계자들과 함께 자살 충동의 원인인 정신병을 올바른 치료법으로 치료하는 것이다. 하지만 강압적인 조처가 없다면 치료의 기회조차 없을 것이다.

정신과의사들을 곤경에 빠트리는 병, 조울증

우울증 환자가 다시 건강해지는 모습을 보는 것은 정신과의사의 가장 아름다운 경험일 것이다. 그렇다 하더라도 우울증을 옆에서 지켜보는 것은 힘든 일이다. 우울증이 고스란히 전해지는 잔뜩 웅크린 자세의 뚱뚱한 환자 앞에 정신과 교수님은 심각한 표정으로 앉아 있었다. 낮고 어두운 목소리로 진행된 면담이 끝나자 환자는 어깨를 늘어뜨리고 강당을 나갔다. 교수님이 몇몇 다른 전형적인 우울증을 설명하고 있을 때 갑자기 강당 문이 벌컥 열렸다. "어머나, 여기 계셨군요!" 방금 전 환자와 마찬가지로 빨간 머리에 뚱뚱한 중년 여인이 핸드백을 손가락으로 빙빙 돌리며 강당 무대 위로 뛰어 올라왔다. 확실히 과도하게 들뜬 태도였다. 이 환자는 확실히 우울증은 아니었다. 정반대의 극단적 장애인 조울증이었다. 그녀는 숨 쉴 틈도 없이 많은 이야기를 정신없이 쏟아냈다. 어제 버스를 탔고 가면서 쇼를 했더니 사람들이 너무너무 좋아했고 거의 기립박수를 받았단다. "그런데 왜 자꾸 나한테 존대를 하세요. 옛날에는 편하게 반말을 하시더니. 요즘 사람들은 너무 부끄러움을 타는 것 같아요. 글쎄 어제 정육점에서 판매원에게 바람을 피운 적이 있냐고 물었더니 그만 얼굴이 빨개져서 말을 다 더듬더라고요. 거기 있던 손님들도 모두 궁금했을 텐데 아무 대답도 해주지 않는 거예요. 고객은 왕인데도 말이에요. 여기서도…… 그런데 이 사람들은 지금 여기서 뭐하는 거예요?" "학생들인데……." "어머나, 그럼 내가 지금 학생들의 심심풀이 오징어땅콩…… 어쨌든 나는 오징어는 별로예요. 너무 질기거든요. 내가 원하는 건 뭐든지 다 해주던 내 사랑 빌리가 난 좋아요. 그런데 어느 날 떠나버렸어요. 아니, 정확히 말해서 내가 떠났죠. 택시를 타고 함부르크로요. 한번은 택시를 타고 본에서 함부르크까지 간 적이 있어요. 그곳에서 함께 커피를 마시고 다시 본으로 돌아갔죠. 꼭 한 번 다시 해보고 싶었는데…… 정말 끝내줬어요. 그런데 왜 끝내준다고 할까요? 정말 몰상식이에요. 남자들은 항상 좋은 말을 손톱 밑의 때처럼 생각해요. 어머, 손톱을 깎지 않았네. 깔끔하게 하고 다녀야 하는데…… 왜 아무 말도 안 하세요? 에이 그냥 가는 게 낫겠다……." "어디 아픈 데는 없으세요?" "아프냐고요? 어떻게 그런 생각을 했죠? 사실 지금처럼 건강했던 적도 없는걸요! 교수라면서 순 엉터리네요. 멀쩡한 사람보고 아프냐고 묻고. 교수님이 침대에 눕고 싶은 거죠? 요즘 얼마나 창의적인지 잠도 잘 못자요. 어젯밤에는 소설을 썼어요. 놀랍죠?" "더 하실 말씀이 남았나요?" "아니요, 나도 바빠요. 다른 데도 가봐야 하거든요. 그럼 안녕 여러분…… 어이 거기 너, 헤어스타일 끝내주는 너 말이야. 이름이 뭐야? ……이름이 뭐 그리 중요하겠어. 이제 갈게. 몸조심해. 여기 교수님 정말 훌륭하신 분이야……." 그녀는 무대에서 폴짝 뛰어내리더니 다시 핸드백을 손가락으로 빙빙 돌리며 강당을 나갔고 우리 학생들은 뜨거운 박수를 보냈다.

　더 설명할 필요도 없었다. 의심의 여지가 없는 쾌활한 조울증 환자였다. 그녀는 장작에서 지팡이로 지팡이에서 통나무로 뛰었다. 이것을 일컬어 사고의 비약이라 부르는데, 정신분열증의 산만하고 이해할 수 없는 사고의 뒤범벅과 달리 이들의 자유로운 연상은 그나마 어느 정도 이해할 수 있다. 활기 넘치는 대화 내내 교수는 목 뒤로 깍지를 끼고 느긋하게 자리에 앉아 우울증 환자를 상대할 때처럼 똑같이 공감의 몸짓만 열심히 보냈다. 대화에는 거의 끼어들지 않았다. 조울증 환자와의 관계에서는 훨씬 인간적이고 예민한 감각이 필요하다. 조울증 환자가 정말 배꼽 빠지게 웃겨서 의사나 치료사가 진심으로 웃게 될 때도 있고, 한편으로는 부끄러운 줄 모르고 너무 민망한 일을 만들기도 한다. 환자는 병이 나은 다음에도 이 모든 것을 기억한다. 고약한 치료사의 음흉한 웃음까지도 말이다. 조울증 환자와의 관계는 늘 친근함을 유지하면서 동시에 환자의 존엄성을 지켜줘야 하는 힘든 암벽 타기다. 그래서 타협할 준비가 요구된다. 모든 것을 감수할 필요는 없지만 적어도 지나치게 거리낌 없는 태도는 병의 한 증상임을 고려해야 한다. 병을 앓는 동안 조울증 환자의 뇌는 고정된다. 이들은 상대방의 실수를 발견하고 상대방에게 모욕을 주는 데에 한 치도 주저하지 않는다. 그래서 가끔씩 정신과의사들은 제대로 곤경에 빠진다.

쾌활한 기분은 과대망상에 이를 정도로 전율을 일으킨다. 조울증에 걸린 은행원이 있었다. 그는 다소 마른 체형에 아주 상냥하고 정확한 사람이었는데, 과대망상에 가까운 비평을 시작할 때면 늘 이렇게 말했다. "한 인간으로서, 그리고 은행원으로서 판단하건대……." 하지만 망상 속의 자아는 훨씬 거대했다. 자신이 미국 대통령인지, 모스코바의 소련 공산당 서기장인지, 교황인지 헷갈릴 정도였다. 그러나 그가 높은 지위의 적합한 인물을 결정하기 전까지는 평범한 사람들이 좋아하는 가장 친절한 음성으로 말했다. 그는 약물치료를 했고 다행스럽게도 마음대로 세계배치를 끝내기 전에 다시 땅으로 내려올 수 있었다. 마침내 그는 다시 건강해졌다. 그리고 은행원으로 사는 것보다 더 큰 행복은 없다는 것을 새삼 느꼈다.

사실 조울증 진단을 내리는 일은 그렇게 간단하지가 않다. 라인강 주변에 사는 극히 정상적이고 쾌활한 사람들인지, 아니면 치료가 필요한 환자인지 구별하기가 쉽지 않기 때문이다. 그래서 환자가 정말로 다시 레드 카펫 위에 섰는지를 판단할 때에 가족의 의견을 따르는 경우가 적지 않다.

조울증 환자는 심심찮게 신문 헤드라인을 장식하며 화제의 주인공이 된다. 어떤 변호사가 나이트클럽에서 일하는 아가씨를 '구출하기 위해' 카우보이 옷에 총을 차고 나이트클럽을 습격했는데 정작 아가씨는 '구출될 마음이 전혀 없는' 재미있는 해프닝도 벌어진다. 조울증은 기본적으로 완치가 가능하다. 대기업의 부장급 직원이 조울증에 걸린 일이 있었는데, 사장에게 반말을 하고 책상 위를 기분 내키는 대로 뛰어다녔다. 이때 정신과의사가 침묵의 의무를 버리고 질병과 그 증상에 대해 회사에 자세히 알린 덕분에 환자는 해고되지 않았고 다시 완전히 건강해졌다. 회사는 감사하는 마음으로 열심히 일하는 의욕적인 직원을 얻었고 환자는 직장을 잃지 않았다.

한번은 어떤 여성이 병원에 실려왔는데 한눈으로 봐도 조울증 환자라는 게 바로 보였다. 굉장히 쾌활해 보였지만 한편으로는 약간 신경질적이었다. 신경질적인 조울증은 사실 다소 부담스러운 변종이다. 어쨌든 집에서 자주 난동을 부렸기 때문에 환자의 거부에도 불구하고 강제로 입원을 시켰다. 우리는 그녀를 특별히 좋아했다. 그녀는 환상적인 상상의 나래를 마음껏 펼치며 독특한 질문을 했고, 곤란하게도 종종 우리들 중 한 사람의 정체를 밝히는 적나라한 지적을 했으며 온갖 장난으로 병원 전체를 마구 뒤섞어놓았다. 당연히 우리는 그녀를 잘 치료했고 상태도 호전되었다. 그때 환자는 병원 주변을 산책하고 싶다고 청했고 별 다른 일이 생기겠나 싶어 산책을 허락했다. 그러나 환자가 말하는 '병원 주변'이라는 것이 우리가 상상했던 것 이상으로 아주 넓은 지역이었음을 그때는 미처 생각하지 못했다. 한 시간쯤 후에 근처 부대에서 다급한 전화가 왔다. 부대 전체가 현재 1급 위기 상황이라는 것이다. 우리 병원에서 '탈출한' 환자가 지금 책상 위에서 춤을 추고 있으니 빨리 사람을 좀 보내 환자를 다시 '수용소(그가 말하는 수용소란 바로 우리 병원을 뜻하는 거였다)'로 데려가 달라고 다급하게 부탁했다. 우리는 상냥하고 부드럽기로 유명한 간호학과 실습생들을 부대로 보내 조용하고 편안하게 환자를 다시 데려오게 했다. 생각할수록 너무나 재미있는 일이었다. 환자는 소풍을 맘껏 즐겼고 부대 전체는 바짝 긴장하여 있는 대로 신경을 곤두세웠다. 완전 무장한 군인 500명이 춤추는 여자 환자 한 명 앞에서 쩔쩔 매는 장면을 한번 상상해보라! 그 후로 나는 독일 군대의 방어력을 더는 믿지 않는다.

조울증 환자가 스스로 치료를 결정하도록 설득하는 일이 어려울 때가 종종 있다. 이들은 자기가 환자라는 생각을 전혀 하지 않기 때문이다. 이것은 또한 윤리문제와도 관련이 있다. 원하지 않는 사람을 강제로 치료해도 될까? 게다가 조울증 환자는 치료 후 건강하게 살면서 조울증을 앓았던 기간을 인생에서 아름다웠던 순간으로 기억하기도 한다. 그러나 비교적 짧은 기간에 인생을 망치는 조울증 환자들도 많다. 이들은 아무 생각 없이 돈을 물 쓰듯 낭비하고, 만나는 사람마다 싸움을 걸고, 바람을 피며, 친구들을 불쾌하게 만든다. 조울증을 치료하고 나면 이들 앞에는 망가진 것들 뿐이다. 그래서 조울증 환자들이 치료 후에 겪는 우울증의 원인은 대부분 구체적이고 현실적인 것들이다. 주변 사람들은 우울증 환자에 대해 자연스럽게 동정심을 갖지만, 조울증 환자에 대해서는 완전히 다르다. 조울증 환자를 보면 가엾다는 생각보다는 오히려 하늘을 찌르는 쾌활함이나 약을 올리는 태도 때문에 불쾌하고 짜증이 난다. 조울증 환자는 동정심을 유발하지 않는다. 우울증이면 환자들이 고통을 받고 조울증이면 주변 사람들이 고통을 받는다. 그러나 완치 후에 조울증 환자는 자기가 얼마나 주변 사람들을 힘들게 했는지 명확히 안다. 그래서 우리는 조울증 환자가 나중에 건강해지면 틀림없이 치료에 고마워하리라 미리 예상하고 그것에 기대어 치료를 한다. 그리고 실제로 환자는 병이 다 나은 후에, 치료를 거부하는 가장 심각한 상황에서 자신을 구해준 의사와 가족들에게 고마워한다.

매우 관대한 성격의 네덜란드 정신과의사에게서 들은 이야기가 있다. 주변 지역을 완전히 헤집고 다닌 조울증 환자 이야기다. 사람들은 처음에는 눈치를 채지 못했다. 세상에는 이런 사람도 있고 저런 사람도 있는 법이니까. 그러다 발가벗은 채로 거리로 뛰어나와 전혀 부끄러운 줄 모르고 동네를 돌아다니자 마침내 그녀를 강제로 정신병원에 보내기로 결정했다. 병원에서 그녀는 모든 치료를 거부했고 같은 병동의 남자들에게 거리낌 없이 알몸을 보여주었고 자기 몸을 맘대로 만지도록 유혹했다. 의사들은 일주일 정도 지켜보다 강제로 약을 먹여야겠다고 결정했다. 그러자 보란 듯이 조울증은 금방 사라졌다. 그러나 이제 정신과의사는 무거운 짐을 지게 되었다. 다시 건강해진 환자가 '너무 관대했던' 정신과의사를 신랄하게 비판했기 때문이다. 부적합한 태도를 보고도 일주일씩이나 그냥 내버려두어 자신의 존엄성을 망쳤다고 원망했다. 조울증을 앓는 동안 그녀가 했던 행동들 때문에 자식들이 굉장히 창피해했고 그녀 자신도 몹시 괴로워했다. 강제입원은 인간적이고 용감한 행동일 수 있다. 하지만 조울증 환자의 경우에는 사실 그렇게 간단한 일이 아니다. 기본적으로 환자 자신이나 다른 사람에게 위험한 해를 가할 때만 강제입원이 가능하다. 그런데 조울증 환자는 자살할 위험도 없고 다른 사람에게 해코지를 하지도 않는다. 그래서 강제입원을 위한 충분한 조건이 되지 않을 때가 많다.

그러므로 어떤 식으로든 조울증 환자에게 병을 증명하고 치료를 받도록 설득해야 한다. 조울증을 한 번 앓았던 사람은 이 과정이 어렵지 않다. 왜냐하면 이들은 뭔가 이상하다는 것을 직감적으로 알기 때문이다. 자신이 환자라는 것을 결코 인정하지는 않지만 병원에서 치료를 받을 준비는 되어 있다. 틀림없이 병은 아닌데 뭔가 이상한 이러한 상태를 환자들은 가끔 아주 인상 깊게 표현한다. 자기가 세상에서 가장 부자이고 최고의 권력자라고 생각하는 조울증 환자가 있었는데 어느 날 회진 때 그는 나직하게 말했다. "선생님, 참 이상하죠? 억만장 자가 담배 한 갑을 사서 피울 수가 없다니요!"

흑백의 평범한 삶 VS 다채로운 삶

조울증 환자는 정상인보다 확실히 다채롭다. 이러한 다채로움 은 주변에서 보기에 혹은 스스로 생각하기에도 너무 알록달록 하게 튀어서 치료가 불가피하다. 하지만 조울증에도 좋은 점 이 있다. 예술가나 여타 창조활동을 하는 사람이라면 조울증 을 앓는 동안 월등히 높은 창의력을 경험한다. 조울증의 수명 은 평균 네 달인데, 대부분의 환자들은 이 네 달 동안을 재미 있는 전율의 시기로 추억한다. 급성 조울증은 기분안정제나 리튬 같은 약물로 치료하는데 이것은 또한 예방 효과도 있다. 뿐만 아니라 정기적으로 반복되는 심각한 우울증에도 효과가 좋으며 어쩌다 한 번씩 짧고 약하게 발병하는 우울증의 경우 에는 약 70퍼센트가 이러한 약물로 완치된다. 이것은 현대 정 신병치료의 위대한 업적이다. 마침내 효과가 증명된 방식으로 치료할 수 있게 되었고 예방도 가능해졌다! 너무나 오랫동안 기다려왔던 업적이다. 우울증의 최절정기에서 고통스러워했 던 한 환자가 리튬의 도움으로 다시 건강해진 사례가 있다. 치 료 당시 환자의 신장에 문제가 생겨서 담당 의사는 리튬 처방을 그만두었다. 그러자 환자의 우울증 증세는 다시 심해졌다. 환자는 다시 리튬을 처방해달라고 부탁했다. 신장에 해가 될 수 있다는 설명을 들은 후에도 환자는 끔찍한 우울증에서 벗어날 수 있다면 그 정도의 위험은 감수하겠다고 답했다. 그러나 조울증 환자 중에는 약물치료로 병이 나아가는 중에 치료를 그만두기로 결정하는 사례도 있다. 색깔이 없는 흑백의 평범한 삶을 살짝 엿본 환자는 예전의 활기차고 다채로운 삶이 그리워졌기 때문이다.

　조울증 환자 눈에는 다소 엉터리 같은 규칙에 얽매어 살아가는 모든 정상인이 이상하게 보인다. 왜냐하면 조울증 환자는 모든 규칙을 혐오하기 때문이다. 정상인들은 흔히 조울증 환자에게도 똑같이 교육학의 논리로 접근하여 규칙을 가르치려 애쓴다. 이것은 순진무구하고 눈물겨운 노력이다. 조울증 환자는 무엇이 올바른 행동방식인지 이미 알기 때문에 따로 배울 필요가 없다. 이들은 규칙을 아주 잘 알지만 그 규칙을 한 번쯤 어기고 싶은 것이다. 하늘을 날 것처럼 가슴이 부풀어 오르는 최고의 기분을 지루한 정상인들이나 어떤 규칙 때문에 평범하게 가라앉히고 싶지는 않다. 그러므로 조울증 환자에게는 어느 정도 관대한 것이 도움이 된다. 다시 말해 최후의 기본 규범은 흔들지 않는다는 특정 조건 아래에서 환자가 조울증의 활기를 자유롭게 누리도록 허락하는 것이다. 만약 우울증과 조울증을 오가는 환자라면 그래서 오랫동안 우울한 기간을 겪었다면, 조울증 기간만큼은 하늘을 찌르는 듯한 환호를 마음껏 즐기도록 허락해야 한다. 우울증의 과반수는 단극이다. 그러니까 줄곧 우울한 기분에만 빠진다. 그러나 양극을 경험하는 우울증도 있다. 이를테면 이들은 과도하게 우울한 기간을 겪다가 다시 과도하게 기분 좋은 기간을 겪는다. 우울증 증상 없이 조울증 증상만 있는 환자는 굉장히 특이한 사례다. 관대함은 조울증 치료를 쉽게 할 뿐 아니라 환자에게 치료 동기를 준다. 어쩌면 나중에 재발했을 때에 더 빨리 치료를 받으러 올지도 모른다. 그러면 환자들은 미치도록 정상적인 사람들 때문에 괴로울 필요가 없고 정상인들은 화를 돋우는 조울증 환자들 때문에 괴로울 필요가 없다. 정상인들이 가끔은 너무 심하게 조울증 환자를 혐오하고 공격하는데, 이것은 어쩌면 정상인들이 조울증 환자가 하는 행동을 비밀리에 한 번쯤 해보고 싶은데 실제로는 감히 하지 못하기 때문일지도 모른다. 조울증 환자에게는 다시 정상인이 되는 일이 거의 의미가 없다. 어차피 이들은 정신과의사가 잘못 판단하여 엉뚱한 사람을 치료한다고 확신한다. 또한 전 세계 조울증 환자들의 표현에 따르면 치료를 받아야 할 사람들은 오직 정상인들뿐이다.

05

인간의 다양성
우리가 아직도 천국을 꿈꾸는 이유

과거에 독일 정신과의사들은 여타 정신이상을 '정신의 변이'라고 불렀다. 이것은 살면서 얻게 되는 장애나 지나치게 유별난 성격을 뜻하는 말이었다. 그러나 이러한 정신이상도 자기 자신과 주변 사람을 힘들게 하기 때문에 병이라 불러야 마땅하고 심리치료가 필요하다. 지나치게 유별난 성격보다는 살면서 얻게 되는 장애에 쓸 수 있는 치료법이 더 다양하고 많다.

유별난 성격의 경우는 심리치료가 가장 좋다. 이를 통해 스스로 혹은 주변 사람들이 유별난 성향을 이해하고 그럭저럭 맞춰 살 수 있기 때문이다.

물론 여기서는 다양한 여타 정신이상을 살피되 유별난 성격까지 일일이 헤집고 다니지는 않을 작정이다. 그러나 우리 주

위에 두드러진 성격장애들은 모두 언급할 생각이다.

정신과의사와 정신병자의 차이는 가운뿐이다

누구든지 살면서 정신장애를 낳는 사건에 부딪힐 수 있다. 이러한 사건에 어떤 사람은 예민하게 반응하고 또 어떤 사람은 무디게 반응한다. 그러나 사건 자체가 힘겹고 큰 내용이라면 예민함과 무딤을 떠나 정신장애를 낳을 수 있다. 과거의 독일 정신의학은 이 부분에 대해 다른 의견을 가졌었다. 만성적인 진짜 정신병은 궁극적으로 뇌의 손상이나 어떤 유전적 내부 요인으로만 발생한다고 믿었다. 그래서 나치 강제수용소의 고통에서 살아남은 사람들 중 정신병을 앓는 이들에 대해, 원래 정신적으로 문제가 있던 사람이었다거나 나치 강제수용소에 끌려가지 않았어도 정신병에 걸렸을 거라는 숙덕거림이 만연했다.

나치 강제수용소의 희생자들과 그들의 실제 사례를 부정하려는 상아탑 위의 이러한 학문적 관점에 정신과의사들은 이의를 제기하며 엄격한 시스템에 저항하기 시작했다. 그리고 마침내 견고한 시스템의 벽을 뚫었다. 전쟁, 고문, 폭력, 테러, 납치 같은 두렵고 충격적인 사건을 겪은 후에 걸릴 수 있는 정신병, 이를테면 사건이 남긴 상흔이 뇌에 강하게 남는 이른바 '외상후 스트레스장애PTSD: Post-traumtic Stress Disorder' 개념을 마침내 통과시킨 것이다. 외상후스트레스장애가 발생하면 당시의 사건이 자꾸 떠오르고 그때의 장면들이 환자를 엄습한다. 환자는 의기소침해지고 긴장하며 잠을 못 이룬다. 감정도 마비된다. 당연히 이러한 장애의 원인은 많다. 오늘날에는 정신적 기본구조에도 영향을 미치는 이러한 장애를 완화할 수 있는 방법들과 도움이 될 만한 다양한 치료법들이 있다. 심리치료와 약물치료 외에도 EMDR(Eye Movement Desensitization and Reprocessing, 안구 운동을 통해 부정적이고 기분 나쁜 생각을 줄이는 치료법 – 옮긴이)이라 불리는 독특한 방법이 있다. 빠른 안구운동이 외상후스트레스장애 치료에 특히 도움이 된다는 사실이 우연히 밝혀진 뒤 이용되고 있는 치료법이다. 이 치료법은 정신과의사가 환자 눈앞에서 손가락을 이리저리 움직이고 환자는 눈동자만 움직여 손가락을 쫓는게 전부다. 아무런 배경지식 없이 이러한 장면을 본다면 "정신과의사와 정신병자의 차이는 가운뿐이다."라는 유명한 말이 정말인 것처럼 보일 것이다. 안구를 움직이는 것이 왜 효과가 있냐고 나에게 묻지 말라. 다른 의사에게도 물을 필요 없다. 왜냐하면 우리도 모르기 때문이다. 전체 의학이나 실용학문에서처럼 정신의학에서도 확실한 방법이 아니라 '어느 정도 확실한 방법'을 이용한다. 어쨌든 EMDR의 효능은 여러 연구에서 증명되었다.

그 사이 정반대의 극단적인 현상도 생겼다. 최근 들어 거의 모든 장애를 무조건 외상후스트레스장애로 진단했기 때문이다. 교통사고에 의한 모든 신체 손상이 무조건 트라우마로 남지는 않는다. 또한 불면증이나 불편한 기억이 무조건 정신병의 증거는 아니다. 여기서도 정상인이 문제다. 평범한 일상의 스트레스를 가지고 엄살을 부리는 정상인들 때문에 진짜 아픈 사람들을 치료할 시간이 부족하다.

외상후스트레스장애는 살면서 부딪히는 가장 극단적인 상황이라 말할 수 있다. 가벼운 사건은 가벼운 정신장애를 낳는다. 갑작스런 힘겨운 사건 후에 닥치는 아주 짧은 순간의 '급성 스트레스장애'도 있다. 이보다 조금 더 오래가는 '적응장애'는 장소나 관계의 변화 후에 혹은 심각한 신체질환 후에 생길 수 있다. 이러한 질환들은 내면에서 발생된 심각한 우울증이 아니다. 외부의 사건으로부터 발생된 우울증이다. 이때는 항우울증 약이 거의 효과가 없다.

정신분석학은 살면서 얻은 정신장애의 뿌리를 유아기의 해결되지 않은 갈등에 두고 여기에 노이로제 개념을 주입시켰다. 예를 들면 우울 노이로제, 불안 노이로제, 억압 노이로제 등이 그것이다. 살면서 얻은 이 모든 장애에 심리치료는 결정적인 도움을 준다.

두려움은 거의 모든 정신장애에서 큰 원인이 된다. 물론 고통과 죽음에 대한, 존재의 한계에 대한 인간의 본질적인 두려움과는 엄격히 구별되어야 한다. 인간이 느끼는 본질적인 두려움은 극히 건강한 반응이다. 만약 어떤 사람이 조울증에 걸려 이러한 두려움을 완전히 잃어버린다면 오히려 두려움이 없기 때문에 굉장히 위험하다. 이러한 사람은 고조된 기분에 취해 아무 생각 없이 자동차 앞으로 뛰어들 수도 있다. 그러므로 두려움을 부정적으로만 볼 필요는 없다. 그러나 한 사람을 끈질기게 따라다니며 괴롭히고, 왠지 모를 이상한 기운이 온몸을 오싹하게 하고, 온통 무서운 것 천지이거나 혹은 특정 상황이나 대상 앞에만 서면 떨게 되는 병적인 두려움도 있다.

어떤 특정한 상황이나 대상에 대한 병적인 두려움을 우리는 공포증이라 부른다. 사람들을 만나는 것이 두려운 사회공포증이 여기에 속하고 이 외에 엘리베이터공포증, 동물공포증, 가위공포증 등 다양한 공포증이 있다. 특정한 상황이나 대상과 상관없이 내면에서 공포감의 단추를 누르는 경우도 흔하다. 여기에도 다양한 치료 방법이 있다. 항우울증 약으로 하는 약물치료 이외에도 확실히 입증된 행동치료요법이 있다. 치료사는 엘리베이터공포증이 있는 환자와 함께 공포감이 사라질 때까지 계속 엘리베이터를 탄다. 패닉상태로 이끄는 두려움은 종종 환자에게 죽음의 공포로 다가온다. 혈압이 높아지고 심장박동이 빨라지며 식은땀이 흐른다. 몸이 떨리고 불안하다. 패닉상태는 대략 30분 정도 지속된다. 이때 역시 약물치료와 행동치료가 도움이 된다.

강박증은 독특한 장애다. 강박증에 시달리는 나이 든 여교사를 치료한 적이 있다. 그녀는 학생들을 위해 평생을 바친 매력적이고 지적이며 사회참여에도 적극적인 교사였다. 강박증에 시달린 지는 벌써 몇십 년째였다. 집을 나설 때면 늘 문이 잘 잠겼는지 여러 번 점검해야 했다. 누군가 다쳐서 길에 쓰러졌을지도 모른다는 생각에 길을 가다가도 자꾸 뒤를 살펴야 했다. 집에서도 정리정돈이나 청소로 바쁘고 그러한 일로 거의 하루를 다 보냈다.

이 모든 행동이 무의미하다는 것을 그녀도 잘 알고 있었다. 가져갈 만한 것도 별로 없어 보이는 소박한 집을 도대체 어떤 도둑이 털러 오겠는가? 길에 누가 쓰러져 있다면 못 보고 그냥 지나쳤을 리가 없잖은가? 집에 있어봐야 편하게 쉬기는커녕 더욱 분주하다. 망상에 빠진 환자는 망상의 내용들을 진짜라고 확신하는 반면 강박증 환자는 자신의 태도나 생각이 터무니없음을 잘 안다. 그런데도 강박을 따르지 않으면 감당하기 어려운 공포를 느낀다. 강박관념 때문에 모든 생활이 어긋나는 심각한 경우도 있다. 손을 씻는 데만 여러 시간이 걸리고 청소를 너무 '철저히' 해서 다른 모든 것이 엉망이 되기도 한다. 당연히 그는 일을 제대로 할 수가 없고 가족들도 그의 강박 때문에 힘들다. 만약 그가 다세대 주택에 산다면 그건 비극이다!

강박증은 치료가 어렵다. 그러나 약물치료와 행동치료가 어느 정도 도움이 된다. 우리의 여교사는 살면서 벌써 여러 번 심리치료를 받았지만 이렇다 할 효과가 없었다. 그러나 항우울증 약을 먹자 효과가 있었고 예전보다 좀 더 편하게 살게 되었다. 강박증이 완전히 사라지지는 않았지만 생활의 질은 확실히 개선되었다.

주변 사람을 힘들게 하는 병

어느 정도의 두려움은 건강한 반응이다. 강박증에 가까운 결벽이나 정리정돈은 그래도 견딜 만하다. 생활에 꼭 필요한 음식과 성은 어떨까? 다른 모든 것과 마찬가지로 이것도 욕구가 너무 많거나 너무 적을 수 있다. 정확히 말하면 욕구가 병적으로 너무 많고 병적으로 너무 적을 수 있다. 이 영역에서 가장 극적인 병이 거식증이다.

거식증은 목숨을 위협하는 정신병이다. 거식증 환자의 20퍼센트가 죽는다. 거식증은 대개가 2차 성징이 시작되는 사춘기 때 많이 나타난다. 이들은 적게 먹고 몰래 토하고 설사 약을 먹으며 과도한 운동으로 살을 더 빼려 애쓴다. 말라 보이는데도 스스로는 너무 뚱뚱하다고 느끼는 이상한 자아상을 갖고 있다. 가족들은 힘들어진다. 죽음이 코앞에 닥쳤는데도 여전히 정신을 못 차리고 살을 빼기 위해 온갖 짓을 다하는 딸을 지켜보며 필사적인 구출작전을 펴는 부모, 그리고 삶과 죽음의 기로에서 아슬아슬 줄타기를 하는 환자. 거식증은 오래 치료해야 한다. 대부분 벼랑 끝에서 떨어지기 직전에 손을 잡는 식으로 치료에 성공하고 그렇게 젊은 목숨을 되돌려놓는다. 정반대의 경우인 폭식증도 있다. 역시 심리치료가 필요한 질병이다. 당연히 모든 과체중이 (또한 저체중도) 병인 건 아니다. 어쨌든 거역하기 힘든 공격적인 배고픔, 도발적 구토, 그리고 체중에 대한 과한 관심을 동반하는 폭식증에는 심리치료가 가장 적합하다.

몸이 아프지 않은데도 병에 대한 과한 걱정으로 늘 몸에 신경을 쓰는 이른바 '신체형 장애'가 있다. 건강염려증이 가장 대표적인 사례인데, 환자는 늘 자기가 중병에 걸려 곧 죽게 될 것을 상상하며 두려워한다. 평생을 그렇게 두려워하며 산다. 하지만 이런 사람들은 대부분 장수한다. 줄곧 자기 몸을 그렇게 걱정하고 돌봤으니 당연한 일이다. 단순히 몸을 걱정하는 것이 아니라 특정 신체기관을 유난히 걱정하는 '신체화 장애'도 있다.

심장병 공포증 환자는 심장이 곧 멈출 것 같은 생각에 늘 두렵다. 신체형 장애 환자도 물론 호흡기나 소화기를 걱정한다. 마지막으로 아주 독특한 장애인 기형공포증이 있다. 기형공포증에 걸린 사람들은 아주 '정상'으로 생겼으면서도 자기 외모가 기형이라고 확신한다. 이러한 증세는 정도를 넘어 광적으로 발전할 수도 있다. 이들은 성형수술에 기댄다. 심지어 죽음을 무릅쓰면서까지 주저 없이 수술대에 오른다. 신체형 장애 환자가 스스로 정신과의사를 찾는 법은 없다. 정작 필요한 정신과의사는 내버려두고, 오랫동안 모두를 힘들게 하며 '병원 일주'를 한다.

성에 관한 장애는 종류가 다양하다. 대개는 병으로 묘사되지 않는다. 여기에서도 중요한 것은 성 때문에 자신이나 주변 사람이 힘드냐이다. 심리치료가 도움이 될 수도 있겠지만 그 사이 성기능 저하에 도움이 되는 약들이 많이 개발되었다. 성기능 항진도 마찬가지다. 그건 그렇고 성전환은 어떤가? 이것은 사실 성적 장애가 아니다. 남자가 자신을 여자로 느끼고 여자가 자신을 남자로 느끼기 때문에 경험하는 낯선 성 정체성의 정신적 고통이 문제의 중심이지 성 자체의 장애는 아니다. 하지만 정신적 고통이 너무 커서 수술로 치료할 수밖에 없는 경우도 많다. 물론 유전적으로 남자를 여자로, 여자를 남자로 만들 수는 없다. 성전환 수술은 고통을 줄일 수 있는 일종의 성형수술이라 보는 게 맞다. 이들에게 성생활 자체는 부차적이다.

성적 장애는 광적인 여러 이상 행동을 야기하기도 한다. 병적으로 불을 지르는 방화광, 병적으로 남의 물건을 몰래 훔치는 도벽, 병적으로 머리카락을 계속적으로 쥐어뜯는 발모광이 대표적인 이상 행동들이다. 당연히 병적이지 않은 기만적인 방화광, 병적이지 않은 경솔한 도벽, 병적이지 않은 끔찍한 발모광도 있다. 이러한 광기는 정말 모두를 열받게 하는 행동이다. 그러나 이들은 '정상'이기 때문에 애석하게도 치료를 통해 이러한 행동을 막을 수가 없다.

가장 스펙터클한 장애, 지킬박사와 하이드

다중인격, 신경성 마비, 발작, 그리고 '의식 불명의 혼미한 상태'로 대표되는 이른바 지킬 박사와 하이드 증상이 있다. 이미 예전부터 많은 관심을 불러 일으켰고 영화 소재로도 인기가 많은 장애다. 하지만 이러한 해리장애(분열장애)는 실제로 비교적 드물게 나타나는 특이한 사례다. 갑자기 충격적인 사건을 겪은 후, 의식의 일부가 분열되어 마치 다른 사람인 것처럼 바뀌고 특정 장애도 보인다. 이러한 분열상태가 얼마나 확실한지, 즉 의식에서 얼마나 멀리 떨어져 있는 상태인지 정확히 말할 수는 없지만 어쨌든 저절로 생기는 이러한 현상 때문에 삶의 질은 종종 엄청나게 제한된다. 기이한 병적 행동을 떠나 다시 어느 정도 정상으로 돌아갈 수 있도록 다리를 놓아주는 일이 치료사의 과제다.

어느 날 치프의 소집으로 우리는 오른쪽 팔에 마비가 온 환자를 만났다. 신경성 장애는 전혀 없었다. 오른쪽 팔의 반사기능은 왼쪽 팔과 똑같이 살아 있었고 촉각도 그대로였다. 말하자면 모든 신경과 근육의 기능이 완전히 정상이었다. 그러나 환자는 시위하듯 강력하게 오른쪽 팔의 '마비'를 주장했다. 신경은 모두 살아 있는데 오직 근육에만 '마비'가 왔다. 의학

상식이 전혀 없는 환자가 상상만으로 팔 마비 효과를 낸 것이다. 환자는 직장에서 문제를 겪었고 그 때문에 팔에 마비가 왔다. 심리상담의 암시적 권유로 환자는 차츰 팔을 다시 움직일 수 있었다. 한 시간쯤 지나자 마비 유령은 완전히 사라졌다. 이 환자가 모든 것을 치밀하게 계산해서 이러한 상황을 연출했다고 주장할 수는 없을 것이다. 하지만 의식에서 완전히 분리된 현상도 아니다. 의식에서 완전히 분리된 거였다면 암시적 권유가 통했을 리 없다.

아무나 상상의 질병 상황을 실제로 실현할 수 있는 게 아니다. 이러한 능력을 가진 사람들은 특별한 스트레스 상황에서 능력을 발휘한다. 보기 싫은 일이 생기면 건강한 눈이지만 시각장애를 앓고, 하기 싫은 일이 생기면 건강한 다리이지만 절름발이가 되며, 기억하고 싶지 않은 수치스러운 일이 있으면 기억상실증에 걸린다. 이러한 장애들의 상징적 의미를 확실하게 밝히려 애쓰는 심리치료 이론도 있다. 이를테면 환자는 무의식적으로 정신장애를 상징적인 신체질환으로 바꾸는 것이다.

배회증 환자는 마비가 아니라 정반대로 갑자기 뛰쳐나간다. 그러고는 여러 날 혹은 여러 주 동안 완전히 자취를 감춘다. 그가 어디에 있는지 아무도 모른다. 여러 날 혹은 여러 주 후에 어딘가에서 다시 불쑥 나타나는데, 집에서 수백 킬로미터 떨어진 곳일 때도 있다. 이때 환자는 자신이 배회한 기억을 전혀 못하거나 아주 희미하게만 기억한다. 또한 신경성 기억상실증을 앓고 있는 사람처럼 갑자기 자기 이름까지 모두 잊어버리는 경우도 있다. 이러한 환자를 찾는 광고를 우리는 신문에서 심심찮게 본다.

신경성 발작도 있다. 이것은 '진짜' 간질발작보다 훨씬 극적이다. 신경성 발작을 녹화하여 슬로우 모션으로 보면 환자가 쓰러지기 직전에 다치지 않기 위해 재빨리 손으로 땅을 짚는 모습을 볼 수 있다. 하지만 이러한 행동을 고의로 속이는 거라고 단순히 생각해서는 안 된다. 모든 해리장애 환자와 마찬가지로 이때도 무의식이 작용하기 때문이다. 특히 기이한 장애가 바로 간저증후군인데, 이들의 행동과 말은 명백하게 엉터리다. 질문을 하면 전혀 상관없는 엉뚱한 대답을 한다.

가장 스펙터클한 장애는 역시 '다중인격'이다. 환자는 둘 혹은 그 이상의 인격을 표현하는데, 각각의 인격은 전혀 다르다. 때로는 목소리도 다르고 기억도 다르다. 한마디로 각각 고유한 정체성을 갖는다. 환자는 다양한 정체성으로 사람들에게 엄청난 관심을 불러일으키고 치료사는 여러 등장인물들이 만들어내는 복잡한 드라마에 매혹된다. 환자 자신도 이러한 드라마에서 거의 벗어나지 못한다. 이런 경우 환자가 자유롭게 이러한 증상을 연출하는가에 대한 의심이 제일 먼저 제기된다. 치료를 하다보면, 환자가 일부러 연출하는 것 같아 화가 날 때가 있는데, 환자가 이러한 증상 때문에 매우 고통스러워하면서도 스스로 자신이 만들어낸 드라마에서 벗어날 탈출구를 찾지 못한다는 사실을 생각하며 의식적으로 화를 가라앉혀야 한다. 이러한 환자들에게는 증상 자체에 쏟는 엄청난 관심을 줄이는 동시에 보다 유용한 대처 전략을 집중적으로 찾고 위기와 근심을 전하는 적당한 표현법 마련에 노력하는 것이 확실히 도움이 될 것이다.

정상인이 발명한 '행복'

다중인격은 흔히 외향적인 사람, 즉 자신의 내면을 외부로 드러내기를 선호하는 사람에게서 나타난다. 옛날에는 이러한 특징을 히스테리라고 불렀다. 이 말은 한편으로는 특정 정신의학, 즉 정신분석학에 의해 강하게 주입되었고 다른 한편으로는 욕으로 평가절하되어 이상한 성품을 표현할 때 '히스테리'라는 말을 사용한다. 하긴 완전히 빗나간 사용은 아닌 것 같다. 정신과의사가 사용하는 표현이 벌써 정신병치료의 고통을 야기한다. 일반적인 진단 용어, 즉 환자를 돕기 위해 고안한 낱말이 인간 차별에 남용된다.

　'사이코패스'라는 낱말도 마찬가지다. 이 말은 원래 성격장애로 자신과 주변을 힘들게 하는 사람을 가리켰다. 또한 위기 때 하필 등장하는 아주 골치 아픈 동시대 사람을 가리킬 때도 사용되었다. 사이코패스에 대해 독일 정신과의사가 남긴 유명한 말이 있다. "살기 좋을 때는 우리가 이들을 주의 깊게 살핀다. 그러나 살기 힘들 때는 이들이 우리를 지배한다." 이것은 당연한 결과다. 왜냐하면 과거의 정신의학은 실질적인 치료법을 제시하기보다 이상한 성격을 묘사하는 데에 집중했기 때문이다. 정신병 증세가 너무 심해 참기 힘들면 이들을 좋으신 하느님이 우리에게 천국을 꿈꾸게 하기 위해 창조한 인간으로 받아들이기는 어려울 것이다. 하지만 이것은 확실히 편견이다. 왜냐하면 제정신이 아닌 혹은 심지어 반사회적인 사람, 유난히 짜증나는 사람, 그리고 괴짜 같은 기인이 어쩌다 그렇게 되었는지 또 이들이 현재 어떻게 살고 있는지 알게 되면 분명 다른 시각으로 이들을 보게 되기 때문이다. 우리가 이들에게서 느끼는 혐오와 혼란을 당연히 이들의 주변 사람들도 늘 느낄 테고 그런 혐오와 혼란은 이들에게도 그대로 드러낼 것이다. 그래서 이들의 삶은 힘들 수밖에 없다. 이런 사정을 알게 되면 사람들은 문득 이들을 이해하게 되고 심지어 동정심도 갖는다. 그러므로 정신병자라는 말에는, 때때로 다소 골치 아픈 사람이지만 그들이 겪을 고통을 먼저 생각하는 동정심이 깃들어 있기도 하다.

사실 인간 모두는 고유한 개성을 갖는다. 개성은 좋은 것이다. 이것을 질병으로 혹은 병적이라고 낙인을 찍어서는 안 된다. 그러나 경험으로 봤을 때 아주 극단적인 성격장애도 있다. 너무 극단적이라 납득할 만한 병명이 나오기 전까지는 본인도 주변 사람들도 너무 힘들다. 사이코패스는 모든 정신병자 중에서 정상인과 가장 비슷하다. 그렇기 때문에 정상인은 이들을 특히 심하게 증오한다. 사이코패스는 괴팍하고 유별난 성격으로 다람쥐 쳇바퀴 도는 평범한 생활을 어지럽혀놓는다. 이러한 행동이 정상인을 화나게 한다. 그래서 정상인은 '사이코패스'라는 낱말을 혐오와 증오를 담아 사용한다. 이들은 치료법을 전투 수단으로 여기고 '사이코패스'라는 말로 이들에게 상처를 주려 애쓴다. 그래서 이 좋은 말이 결국 원래의 목적에 더는 사용할 수 없게 되었고 우리는 오늘날 애석하게도 훨씬 딱딱하게 들리는 '성격장애'라는 말을 더 자주 쓰게 되었다. 고통이 따르는 비교적 극단적인 성격장애는 기본적으로 어린 시절부터 존재한다. 본인도 힘들게 하고 주변 사람도 힘들게 하는 이러한 유별난 성격은 주로 기본적인 기질에 근거를 두고 있고 기질을 근본적으로 바꾸기는 힘들다. 그러나 심리치료가 이러한 성격장애를 잘 조절하고 다룰 수 있게 도울 것이다. 만약 당사자가 주변 사람들에게 속마음을 털어놓음으로써 편안한 관계를 맺을 수 있다면 위기를 잘 넘길 수 있게 될지도 모른다.

시청 자료실 직원의 성격이 히스테리, 히스트리오, 자기중심적, 과시하는, 외향적인 혹은 이와 비슷한 말로 묘사된다면 이 유별난 사람은 특유의 창조적 카오스를 발휘하여 자료들을 완전히 뒤죽박죽으로 정리할 것이고 자료실 실장은 거의 미칠 지경이 될 것이다. 이러한 사람들은 아무리 야단을 치고 가르

쳐도 소용이 없기 때문에 절망 그 자체다. 하지만 이러한 사람들이 만약 무대에 선다면 빛나는 성공을 거두고 자신이나 청중 모두를 만족시킬 것이다. 그래서 때로는 올바른 직업 상담이 가장 좋은 치료일 수 있다. 만약 철저하고 강박증에 가까운 정리정돈벽이 있는 사람이 시청 자료실이나 회계 업무를 맡는다면 천직이 따로 없을 것이다. 그러나 이런 사람이 무대 위에 선다면 감독은 입에 거품을 물고 쓰러질 테고 청중들은 화가 나서 극장을 나가버릴 것이다.

겁이 많아 생기는 성격장애도 있다. 겁쟁이의 극단적인 유형으로 이른바 '의존적 성격장애'가 있다. 예를 들어 늘 자신감이 없는 영원한 마마보이인 '편집증적 성격장애', 정신분열증까지는 아니지만 좀 심하게 이상한 '분열성 성격장애'가 여기에 속한다. 또한 남을 배려하지 않는 성향 때문에 법원에 드나들기 바쁜 '반사회적 성격장애'도 있는데, 이러한 사람들은 아무리 좋은 치료를 받아도 소용이 없다고 한다. 성격장애에 관해서는 정신과의사마다 분류하는 방식이 다양한데, 이 책은 세계보건기구의 ICD-10의 분류를 따랐다. 이 분류 중에서 아직 언급하지 않은 것이 감정적 불안정의 성격장애로 충동 유형과 경계 유형이 있다. 충동 유형은 옛날부터 있었던 '예민한 사이코패스'의 다른 이름이다.

그러나 경계 유형은 최근 몇 년 전부터 사람들 입에 오르내리기 시작했다. 경계성 환자는 노이로제와 정신병 사이의 경계에 있다. 이들은 결코 '자아'를 완전히 잃지는 않는다. 실제로 정신병자처럼 되지는 않는다는 말이다. 하지만 이들의 자아는 매우 불안정하다. 경계성 환자는 관계를 유지하느라 늘 힘든데, 이들의 관계는 비록 강하게 연결되었지만 또 자주 끊어지기 때문이다. 이들의 감정은 기복이 심하고 늘 긴장되어 있다. 때때로 자존감이 바닥나고 자주 자살 충동을 느낀다. 자신의 감정도 거의 느끼지 못한다. 그래서 최소한 어떤 식으로든 느끼기 위해 혹은 참기 힘든 긴장을 풀기 위해 스스로 아픈 상처를 낸다. 경계성 환자와 함께 지내는 일은 무척 힘들다. 이들은 자신의 감정을 분열시킬 뿐 아니라 주변 사람들도 분열시킨다.

병원 직원들 간에 자주 다툼이 생기고 서로 반목하는 상황이 벌어지면 나는 제일 먼저 누가 경계성 환자의 짓을 했는지 찾는다. 이러한 분열은 도둑고양이처럼 살금살금 교묘하게 진행된다. 병원 전체가 다 알 정도로 다루기 까다로운 환자가 있었다. 그리고 병원에 새 간호사가 왔다. 이 환자는 새 간호사와 단둘이 있을 때, 자기가 믿고 마음을 열 수 있는 사람은 그녀뿐이고 그녀가 하는 말은 모두 좋은 말뿐이라 늘 경청할 수 있으며 그녀와 자기가 아주 잘 통한다고 고백한다. 이제야 제대로 된 간호사를 만났다며 끝도 없이 칭찬을 늘어놓는다. 다른 간호사들은 불친절하네, 대하기가 편하지 않네, 일을 건성으로 하네 하면서 말이다. 어쩌면 새로 온 간호사는 이러한 고백에 기분이 우쭐해져서 예전부터 자기는 늘 친절한 사람이었는데 지금까지 그걸 알아주는 사람이 별로 없었고, 솔직히 다른 간호사들은 실력도 좀 떨어지는 것 같다고 말할지도 모른다. 그리고 몇몇 얄미운 동료 간호사들에 대해 자기와 같은 생각을 하는 사람을 만났다는 반가움과 다루기 힘들기로 유명한 골칫덩이 환자와 남다른 친분을 쌓았다는 자랑스러움에 하늘을 날듯 즐겁게 퇴근한다. 솔직히 자기한테 화를 냈던 동료 간호사들이 마음에 안 든 게 사실이고 그래서 앞으로는 그런 형편없는 간호사들과 어울리지 않기로 다짐한다. 다음날 아침 간호사는 그 환자를 다시 만난다. 그런데 이상하게 아주 쌀쌀맞게 대한다.

왜 그러냐고 물으니 환자는 버럭 화를 낸다. "당신 같은 사람은 정말 내가 살다 살다 처음이야! 철석같이 믿고 다 얘기했는데, 고작 한다는 것이 다른 간호사들과 짝짜꿍이 되어 나한테는 관심도 보이지 않다니. 내가 힘들 때 당신은 어디서 뭘 하고 있었지? 당신하고는 이제 한마디도 하지 않겠어." 어제는 자랑스러움에 천국을 거닐었는데, 하루 사이에 이 꼴을 당한다! 경계성 장애자들은 이러한 널뛰기를 수시로 한다. 그러므로 늘 주의 깊게 살펴야 한다. 경계성 환자는 본인 스스로도 힘들지만 주변 사람들 역시 힘들게 하기 때문이다.

이러한 장애를 치료하는 방법이 있다. 미국 심리학자 마샤 리네한Marsha Linehan이 개발한, 다소 복잡한 이름의 '변증법적 행동치료DBT: Dialectical Behavior Therapy'라는 치료 프로그램이다. 행동치료를 지향하는 이 프로그램은 오늘날 가장 인정받을 만한 치료법으로서, 환자가 일상에서 안정감을 많이 느끼도록 해준다. 그럼에도 불구하고 역시 치료는 오래 걸리고 힘들다. 경계성 장애는 여성에게 월등히 많고 최근 들어 갑자기 증가했다. 내가 레지던트를 시작했을 때는 대략 1년에 두 명 정도 만났었는데 요즘에는 일주일에 두 명씩 만날 때도 있다. 경계성 장애 환자들이 그렇게 많이 늘어난 까닭은 확실하지 않다. 당연히 경계성 장애에 관한 이론도 많다. 정신분석학은 유년기에 충분한 사랑을 받지 못했기 때문에 생기는 초기 장애로 설명한다. 그러나 이러한 해석은 오히려 경계성 장애의 본질적인 불안을 더욱 키운다.

정신분석학은 병적인 나르시시즘도 초기 장애로 설명한다. 이러한 장애를 겪는 사람들은 오직 자기 자신에만 관심이 있고 다른 사람에게 쉽게 상처를 준다. 많은 사람으로부터 사랑을 받고 인기를 끌고 싶어하는 이들의 강박은 거의 중독에 가깝다. 눈부신 스포트라이트 아래에서 안면 근육이 굳도록 줄곧 미소를 지으며 박수갈채를 갈망하는 이른바 '공인'이라 불리는 대부분의 사람들이 비밀리에 이러한 비극적인 장애를 앓는다. 그러나 그 세계에서는 이러한 감추어진 고통이 당연한 것으로 통한다.

이번 장을 마무리하며 다시 한 번 상기하자. 인간은 기본적으로 모두 건강하다. 여러분도 나도 마찬가지다. 주변과 조화를 이루지 못하고 자주 충돌한다고 해서 모두가 경계성 장애를 가진 것은 아니다. 매혹적으로 무대 위에서 공연하는 사람 모두가 '히스테리', 즉 '히스트리오'는 아니다. 또한 꼼꼼하게 자료를 정리하는 사람이 모두 강박증에 걸린 것은 아니다. 그러나 인간의 다양성 안에는 독특함이 도를 넘는 경우도 분명 있다. 너무 독특해서 본인도 주변 사람도 괴롭다. 치료와 진단은 이러한 실제적인 고통이 닥쳤을 때 해야 한다. 고통의 원인과 치료의 목적 없이 진단을 남용할 경우 평범하지 않은, 독특한, 이상한 사람들에게 무조건 단정한 정상 사회의 유니폼을 입히려는 행위와 다를 바 없을 것이다. 이렇게 되면 남는 것은 냉소적 결말뿐이다. 『짜라투스트라』에서 프리드리히 니체는 다음과 같이 경고했다.

> 그러면 지구는 작아지고, 작아진 지구 위에서는 모든 것을 작게 만드는 최후의 인간이 날뛴다. …… 사람들은 똑똑하고 세상만사를 다 안다. 그래서 조롱도 끝이 없다. …… 인간에게는 낮의 욕망과 밤의 욕망이 있다. 그러나 인간은 늘 건강을 숭배한다. 최후의 인간은 이렇게 말한다. "우리는 행복을 발명했다." 그리고 한쪽 눈을 찡긋해 보인다.

사랑받아 마땅한 원색을 짓밟는 회색 정상인의 대대적이고 영원한 승리의 행진은 황량한 속물들의 개선이요, 단정한 사고 및 태도의 독재일 것이다. 그들의 하나뿐인 목숨이 중간을 고수하는 회색 환각 속에서 죽어갈 것이다. 그리고 이것이 실현될 위험은 결코 적지 않다.

에필로그

삶을 감칠맛 나게 하는 사람들

이로써 우리는 정신과 병동의 환자들, 그리고 여러분이 어제
버스나 지하철에서 만난 독특하고 환상적인 색깔 있는 사람들
이 만들어낸 무한한 가능성의 땅을 통과하여 탐험의 끝에 왔
다. 사실 이들은 대부분의 경우 인생에서 아주 짧은 구간 동안
만 환자였다. 그리고 '이들'이 아니라 기본적으로 '우리 모두'
라고 해야 맞다. 왜냐하면 우리 모두 인생의 맨 처음과 전성
기, 그리고 말년에 한 번쯤은 정신병을 겪을 수 있기 때문이
다. 우리 모두 존중하는 마음으로, 그리고 열린 마음으로 평생
혹은 아주 짧게 인간의 한계를 경험했던 사람들에게 관심을
갖고 숙고해야 할 때다. 무엇이 정상인가? 더 나아가 무엇이
비정상인가?

　정신분석학에 따르면, 일생의 일부분 혹은 다양한 정신적

존재가 자신과 완전히 분리된 사람은 심각하게 아픈 사람이다. 우리가 사는 사회 역시 심각하게 아프다. 정신병자들을 그냥 추방해버리는 사회, 돈을 내면 기껏해야 한정된 영역에서 전문적으로 돌봐주는 사회, 관용을 모르는 경직된 회색 정상인의 허울뿐인 자화상을 낳는 사회. 이러한 불안한 사회는 여유가 없고 침착하지도 못하며, 허울뿐인 자화상을 할퀴는 자극에 깊이 상처받고 분노하며 맹렬히 공격한다. 우리 사회는 정상의 독재로 가는 지름길에 있다. 정상 독재자는 불안을 단순한 선전문구로 감추고 모든 궤도 이탈자들을 무자비하게 공격한다. "가벼운 정신박약은 정상이다." 이 말은 사실 20세기 초에 한 정신과의사가 단지 인간의 지능과 관련해서 했던 말이다. 그런데 이 말이 오늘날 기괴한 아이러니가 되었다. 어쨌든 20세기의 전체주의는 비록 그 국가 형태가 체제 전투에서 패했고 역사의 쓰레기더미로 버려졌을지라도 그때 발명해서 활용했던 도구들은 오늘날 정상의 독재에서 다시 활용되고 있다. 전체 사회에 똑같은 유니폼을 입힐 수 있음이 인간의 기억 속에 영원히 저장되었다. 오늘날의 상황이 과연 그런가? 철학자들은 벌써 오늘날에는 삶의 모든 영역을 지배하는 정치적 공정성이라는 허울 아래 50년 전과 달리 하고 싶은 말을 자유롭게 하지 못한다고 호소하기 시작했다. 공공성은 해서는 안 되는 말을 하고 해야 할 말을 하지 않는 사람들을 무자비하게 공격한다.

해서는 안 되는 말을 하고 해야 할 말을 하지 않는 사람들이 바로 정신병을 앓는 사람들이다. 이들은 순순히 유니폼을 입지 않는다. 정신 나간 생각들도 허용한다. 경직된 관습을 뛰어넘는다. 이렇게 함으로써 이들은 사회에 한 가지 얼굴이 아니라 아주 다양한 얼굴을 제공하고 사회의 인간적인 기온을 영상으로 유지한다. 이들은 단지 평범하지 않을 뿐이다. 그저 특이할 뿐이다. 우리들 중 한 사람처럼 비범하다. 이들은 어떤 인간도 소외시키지 않는다. 정상인과 비정상인을 구별하는 투명 차단기를 이러한 식으로 일단 없애버리고 나면 사랑스럽고 다채로운 세계, 카오스처럼 보이지만 환상적인 세계, 끔찍하지만 본질적인 세계, 괴롭지만 반짝반짝 빛나는 세계, 전체를 지배하는 정상 독재보다 덜 냉소적인 세계가 눈앞에 펼쳐질 것이다.

야망을 이루며 멋지게 성공한 사람이 치매 환자가 되어 생전 처음 다른 사람의 도움을 받는다. 그러나 그 덕분에 생전 처음으로 진실함에 마음이 움직인다. 자신을 모욕하거나 조롱하지 않고 상처주지 않는 사람을 평생 찾다가 지쳐버린 공정하고 섬세한 중독자가 있다. 그는 환각을 통해 자신의 섬세함을 전혀 배려하지 않는 괴로운 세계에서 벗어난다. 시시하게 한 세계에 살지 않고 환상적인 여러 세계에서 사는 지혜로운 정신분열증 환자가 있다. 그는 유니폼을 입으라는 강압을 정중히 거절하고 누구에게도 자신의 비밀을 강요하지 않는다.

예민한 사람들은 얇은 피부 덕분에 우리 눈에 별로 가치 없어 보이는 것에서도 가치를 찾아낸다. 두려움과 존재의 공허함에 마비되어 일생의 일부분을 보내고, 모든 것을 의심하는 탈출구 없는 미로에서 존재의 위협을 느끼며, 거부할 수 없는 공포에서 눈을 돌릴 수 없는 끔찍하게 우울한 사람이 있다. 이들 뒤편에서는 정말 중요한 문제가 무엇인지 보지 못하는 장님 사회, 어처구니없게도 이러한 장님을 정상이라 말하는 사회가 벼랑 끝에서 춤을 추고 있다. 생기 없고 경직된 정상 사회의 한복판에 갑자기 끼어들어 노골적이고 직접적인 활기로 열광하는 조울증 환자가 있다. 이들은 비록 과대망상에 사로잡혀 있지만 때때로 아이들이 그러는 것처럼, 전혀 거리낌 없이 진실을 얘기함으로써 정상인들의 위선을 스펙터클하게 드러내 준다. 살면서 겪는 어떤 사건 때문에 정해진 궤도에서 버림받은 사람들, 정신병자라는 꼬리표를 단 채 진정한 삶을 찾는 사람들이 있다. 이들은 대부분 고통의 기간을 통과하면서 보다 큰 성장과 깊은 초연에 이른다. 그리고 마지막으로 자신과 다른 사람을 늘 불안하게 하는 가장 기괴한 사람이 있다. 이들은 확실히 정상이 아닌데 그렇다고 정신병자도 아니다. 이들은 거침없이 삶에 뛰어들어 색을 칠한다. 이들은 선동자다. 협잡꾼이다. 거의 없는 일이긴 하지만 이따금 자기 자신을 다치게 할 수도 있는 날카로운 모서리를 가진 사람이다. 이러한 사이코패스가 없는 천국을 계속 꿈꾸게 하기 위해 창조주는 일부러 이런 모난 사람들을 창조했을까? 아니면 정반대일지도 모른다. 사이코패스가 없는 천국은 심심할 것 같다. 그러면 더 나아가 평범하지 않음이 좋아 보일 수도 있다. 어쩌면 천국에는 정신분열증 환자, 조울증 환자, 신경증 환자, 그리고 사이코패스들이 유쾌하게 뒤범벅되어 있을지도 모른다. 그곳에서는 아무도 괴롭지 않다. 그리고 그곳에는 이러한 독특한 사람들을 진부한 진단으로 싸잡아 묶어버리는 정신과의사도 없다.

만약 평범함이 아니라 독특함이 영원히 남는다면, 천국에는 정상이 아니라 본모습이, 표준이 아니라 진실이, 평범한 일이 아니라 경탄할 일만 있을 것이다. 그러면 뮌헨의 가톨릭 신자들도 하늘에서 정말 행복할 테고 영원한 할렐루야 찬송가에 매달릴 필요도 없을 것이다.

그러나 다채로운 하늘은 예전보다 오늘날 훨씬 멀어 보인다. 단정한 정상인이 우리를 길들여 유니폼을 입혔기 때문이다. 전 세계 어딜 가나 똑같은 호텔이 있고 모두가 양복에 넥타이를 매고 있으며 사람을 사귀는 방식조차도 다 똑같아졌다. 이제 이국적인 것은 박물관에만 있다. 그리고 튀는 행동은 어떤 식으로든 '심리학적으로' 해결해서 없애고 그것이 여의치 않으면 정신병동에 격리 수용한다. 정상인들은 정신병자를 사회에서 분리하는 동시에 제대로 된 정신병치료법을 잘 알지도 못하면서 '악마'로 만들어버린다.

정상 독재자는 정상이 영원하리라는 착각과 독특함이 덧없이 사라지리라는 환상에 빠져 산다. 그러나 오히려 반대로 정상이 덧없을 수도 있다. 정상은 영원과 맞지 않을 뿐 아니라 단지 독특함의 배경에 불과하기 때문이다. 게다가 정상은 기본적으로 존재하지 않는다. 한 번뿐인 인생의 관점에서 보면 영원은 의심될 수밖에 없고 통찰력이 있는 사람이라면 평범한 것보다는 독특한 것을 보존하려고 할 것이다. 그러면 '스탠더드패스'들이 오래전에 잊었던 활기찬 색채가 정상이라는 단정한 베일을 뚫고 찬란하게 나타난다. 이러한 단 한 번의 활기찬 색채로 우리는 사람을 기억한다.

물론 정상 사회의 베일이 너무 두꺼워서 뒤에 감춰진 색을 알아보기 힘들 때가 많다. 이때 모든 인간에게 실제로 감춰진 것이 무엇인지 우리에게 상기시켜줄 사람은 독특한 사람뿐이다. 그러므로 '정상'의 반대는 '비정상'이 아니라 '독특함'이다. 그리고 독특한 사람들 중에 몇몇은 치료가 가능하고 어떤 사람은 장기적으로 도움을 받아야 한다. 그러나 그 밖의 독특한 사람들은 우리 사회의 경계를 넘나드는 색깔 있는 사람들이다.

중세와 근대에는 이러한 색깔 있는 사람들을 칭송했다. 호이징가의 『중세의 가을』에서 원색의 삶을 읽은 사람, 빅토르 위고Victor Hugos의 감동 휴먼드라마 『노트르담의 꼽추』를 읽으며 문학을 사랑하게 된 사람, 주세페 베르디Giuseppe Verdi의 비극적 오페라 「리골레토」에 감동한 사람이라면 당시대의 강열

한 삶을 직접 체험하지 못함을 잠시나마 안타까워했으리라. 이것은 사회를 짓누르던 당시의 어두운 그림자와 격렬한 극과 극의 삶을 보지 못하는 그릇된 감수성이 아니다. 언제 저승사자가 나타나 마지막 종을 울릴지 가늠할 수 없는 시대를 살면서도 삶을 축하할 줄 알았던 당시 사람들의 왁자지껄한 소음이 현대를 사는 우리의 귀에까지 전해진다. 요람에서 무덤까지의 모든 잔칫상에 빠지지 않고 차려지는 카나페처럼, 공허함만 남아 결국 아무 말도 하지 않은 거나 마찬가지인 스몰토크(Small talk, 잡담)라는 게 당시에는 아직 없었다. 당연히 당시에도 사람들은 죄를 범했다. 하지만 일상적으로 짓는 죄가 아니라 강력한 범죄였다. 그래서 착한 사람 나쁜 사람 할 것 없이 모두가 범죄자를 혐오했다.

당시 사람들이 일부러 색깔 있는 독특한 사람만 찾은 건 결코 아닐 것이다. 그럼에도 불구하고 그때도 오늘날에도 뭔가 독특한 사람들이 있다. 그리고 이들은 삶을 감칠맛 나게 하는 양념 구실을 한다.

그렇다면 정말 우리는 엉뚱한 사람을 치료하고 있는 것인가? 그렇기도 하고 아니기도 하다. 오늘날 정신병을 다양한 치료법으로 고칠 수 있는 건 행운이다. 그거면 족하다. 하지만 만약 치료라는 것이 병을 고치는 일반적인 치료가 아니라면, 다수의 정상인들이 소수의 환자들보다 더 독특한 치료를 받게 될 것이다. 이대로 내버려두어서는 안 된다. 투표용지를 통해,

그리고 풍자를 통해 우리는 미치도록 정상적인 사람들과 골빈 사람들을 차단기 안으로 밀어넣을 수 있다. 그렇게 되면 극히 정상적인 광기와 극히 정상적인 정신박약은 약간 줄어들지도 모른다. 그리고 독특함은 세상을 여러 색채로 물들여 더욱 다채롭게 만들 것이다.

책의 끄트머리까지 따라온 당신은 이제 스스로에게 물을 것이다. "나는 정상인가, 아니면 비정상인가?" 이 물음에 대해서는 정신과의사인 내가 확실히 도움이 되겠다. 때때로 나는 진료할 때 이렇게 못을 박아둔다. "누가 정상인지 결정하는 사람은 바로 납니다!" 당연히 듣는 사람이 유머를 좀 아는 사람일 때만 이렇게 말한다.

'내가 당신을 정상으로 여기지 않음'을 유쾌하게 말할 수 있어서 다행이다. 내가 판단하기에 당신은 비정상에 속한다. 이 책을 샀다는 사실이 벌써 소수집단에 속한다는 걸 의미하고 있다. 게다가 책을 끝까지 다 읽는다는 것은 정말 정상이 아니다! 그러므로 여기까지 책을 읽었다면 당신은 확실히 정상이 아니다. 만약 정상인이 문제라는 이 책의 명제에 당신도 동의한다면 바로 당신 때문에 인류는 희망이 있다.

인간이 무의미하다고 버린 것은 늘 의미가 있다

이 책의 목적은 정신병치료와 심리치료의 대표적인 내용을 설명하는 것이었다. 확실히 까다로운 프로젝트였다. 왜냐하면 심리치료사만큼이나 심리치료법도 많기 때문이다. 그래서 대표적인 치료법을 선정하는 기준이 문제가 되었다. 30년 넘게 본업으로 삼고 있는 정신병치료에 관해서는 나의 주관적 선택을 따랐다. 또한 개인적인 인생사와 깊은 관련이 있는 심리치료법에 대한 개요도 확실히 주관적이다. 그럼에도 불구하고 나는 가장 흔하고 주요한 장애에 쓰이는 정신병치료와 심리치료를 폭넓게 설명하려 노력했다. 이 책에서는 아동 및 청소년과 관계된 정신병치료는 다루지 않았다. 왜냐하면 이것은 그 사이 고유한 한 학문 분야로 자리를 잡았고 그것에 관해 나는 배운 적이 없기 때문이다. 또한 낮은 인지능력 영역인 정신지체도 다루지 않았다. 정신지체는 정신의학의 본질적 대상이 아니기 때문이다. 물론 정신지체도 정신병 범주에 넣을 수는 있다. 그러나 이 질환이 정신박약과 혼동될 수 있다. 대규모 '정신병자 수용소'에서 오랫동안 정신지체와 정신박약을 혼동하는 바람에 정신병치료 이미지가 너무 큰 손상을 입은 과거의 사례도 있다.

간단명료한 설명을 한답시고 정신과의사 얘기만 한 것에 대해 심리학자들에게 진심으로 사과한다. 심리치료사들이 추가교육만 받는다면, 여러 문제에서 정신과의사보다 더 낫거나 최소한 비슷한 능력을 발휘할 것이다. 이들은 단지 신체진료를 할 수 없을 뿐이고 약물처방을 내릴 수 없을 뿐이다. 질병의 분류는 세계보건기구의 ICD-10을 대략 따랐다. 그러나 또한 더 쉽게 이해할 수 있도록 과거 독일 정신병치료의 '정신병치료 3각 체계'를 부분적으로 이용했다. 단순한 설명만으로는 정신병과 정신병자를 이해시키는 데에 부족했기 때문에, 여러 환자들의 이야기로 정신병치료의 진단 뼈대에 살을 붙이기 위해 노력했다. 물론 익명성을 보장하기 위해 알아보지 못하도록 구체적인 내용을 약간씩 바꾸었다.

종종 매우 격렬하고 불공평하게 다룬 모든 정상인들에게 사과한다. 그러나 사과를 받을 사람이 있어야 사과도 하는 거다. 방금 전에 말했듯이 이 책을 읽는 독자들은 모두 정상이 아니고 내 주변에도 '정상'이라고 욕할 수 있는 사람은 단 한 명도 없다. 솔직히 내 말에 진짜 상처를 받은 사람에게 할 사과는 없다. 완전히 '정상'인 사람은 없다. 영원한 '표준규범'은 없으며 누구나 지배당할 수 있는 당분간의 행동양식일 뿐이다. 힘들었지만 '규범의 축복'을 봉인하고 '규범의 위험'을 들춰내려 노력했다. 대부분의 '표준규범'은 모두 기한이 있다는 사실을 우리는 인생에서 배운다. 그리고 비로소 우리는 규범에서 벗어난 것의 가치를 볼 힘과 여유를 찾는다. '규범'에 지배당하는 일은 막을 수 있다. 결과적으로 정신과의사는 정신병을 환자와 가족의 비참함으로 범주화하지 않고 환자의 사랑받을 권리에 스포트라이트를 비춰야 한다.

이 책을 읽은 후에 "모든 것이 그렇게 간단하지만은 않다."

또는 "훨씬 객관적이고 상세하게 설명해야 한다."라고 비평할 사람에게 나는 이 자리에서 미리 그 의견에 전적으로 동의한다고 말하고 싶다. 단 '설명해야 한다' 대신에 '설명할 수 있다'로 바꾼다면 말이다. 왜냐하면 객관적이고 상세한 정신병치료 교재들은 이미 충분히 많기 때문이다. 유명한 교재들은 물론 1미터 높이에서 떨어트리면 발등이 깨질 정도로 무거운 책들이다. 이러한 추락사고의 관점에서 보면 이 책은 아주 안전하다. 이 책은 대형 케이크가 아니라 작은 초콜릿이다. 애피타이저만 먹어도 벌써 배가 부른 그런 만찬이 아니다. 나는 이 책을 전문가가 아닌 사람을 위해, 그리고 정신병치료와 심리치료의 흥미진진한 세계를 한눈에 조망하고픈 사람들을 위해 썼다. 감수를 맡은 정육점 주인이 쉽게 읽었다고 해서 얼마나 다행인지 모른다. 단지 그는 골빈 정상인의 '지누스 밀리에'를 이해 못해 다소 당황했다고 한다. 그는 사전에서 지누스sinus를 찾아봤고 '굴, 동굴, 빈 공간'이라는 설명이 있어 그와 관련된 설명일 것이라고 추측했단다. 말하자면 그는 '지누스 밀리에'가 빈 공간을 채우는 일과 관련이 있다고 생각했던 것이다. 그렇게 생각해도 말은 된다!

정신병치료에 대해 정확히 알고자 하는 사람은 당연히 폭넓은 전문서적을 읽어야 한다. 환자와 가족들이 읽으면 좋을 개별 정신병에 대한 쉬운 책들도 많다. 또한 웬만한 전문가 뺨치는 훌륭한 자조집단도 있다. 정신병치료와 심리치료 분야에 있는 나 같은 전문가들이 스스로 변해야 한다. 예를 들어 환자가 치료사에게 어떤 교육을 받았고 무엇을 전공했는지 묻고 어떤 심리치료법을 사용할 생각인지, 그리고 그 치료법의 효능과 부작용은 무엇인지 묻는 것을 당연하게 여겨야 한다. 왜냐하면 정신병치료와 심리치료는 옛날 우스갯소리가 꼬집듯 대화만으로는 부족하기 때문이다.

지나가는 행인이 정신과의사에게 물었다.

"기차역이 어디죠?"

"모르겠는데요. 하지만 우리가 기차역에 대해 함께 얘기한 것만으로도 좋은 일입니다."

그러나 무엇보다 중요한 것은 정신병치료를 오래 끌어서는 안 된다는 것이다. 정신은 치료받으라고 있는 게 아니다. 정신과의사도 마찬가지다. 정신과의사는 짧게 만나고 금방 잊어버려야 한다. 이를테면 해결중심치료란 환자가 정신과의사에게서 벗어나도록 하는 치료다. 이때 정신과의사가 하는 일은 그저 노련한 방법으로 환자가 병을 치료할 수 있는 자기 내면의 힘을 다시 발견하도록 도와주는 것이다. 환자에게서 감사의 편지를 기대하는 정신과의사가 있다면, 그는 자신의 중요한 과제를 잘못 이해하고 있는 것이다. 그럼에도 불구하고 감사의 편지를 받는다면 너무 슬퍼할 필요는 없다. 정신병치료와 심리치료는 당분간의 장애를 약화시키거나 없애기 위한 실용적인 방법을 전달할 뿐이다. 이것은 한계가 많은 일이다. 정신과의사들이 행복을 보장하지는 못한다. 독일 철학자 오도 마르크바르트의 말이 여기에도 적용된다. "인간이 무의미하다고 버린 것은 늘 의미가 있다." 만약 전국의 조언자들과 삽화가들이 인간의 정신과 심리에 대해 멈추지 않고 중얼거린다면 언젠가는 이 영역에서도 올더스 헉슬리Aldous Huxley가 전체 의학에 경고했던 일이 실제로 벌어질지도 모른다. "의학이 너무 발전해서 건강한 사람이 아무도 없다."

KI신서 2620

위험한 정신의 지도

1판 1쇄 인쇄 2010년 7월 30일
1판 1쇄 발행 2010년 8월 10일

지은이 만프레드 뤼츠 **옮긴이** 배명자
펴낸이 김영곤 **펴낸곳** (주)북이십일 21세기북스
출판콘텐츠사업부문장 정성진 **출판개발본부장** 김성수 **인문실용팀장** 강선영
기획·편집 최혜령 **디자인** 박선향 **일러스트** 김은
마케팅영업본부장 최창규 **마케팅·영업** 김용환 이경희 허정민
출판등록 2000년 5월 6일 제10-1965호
주소 (우 413-756) 경기도 파주시 교하읍 문발리 파주출판단지 518-3
대표전화 031-955-2100 **팩스** 031-955-2151 **이메일** book21@book21.co.kr
홈페이지 www.book21.com **커뮤니티** cafe.naver.com/21cbook

ISBN 978-89-509-2573-4 03180
책값은 뒤표지에 있습니다.